播音员主持人

播说评案例教程

王岩平　王冰曦◎主　编

许龙才　孙　冰
朱炜炜　罗哲羽◎副主编

四川大学出版社
SICHUAN UNIVERSITY PRESS

图书在版编目（CIP）数据

播音员主持人播说评案例教程 / 王岩平，王冰曦主编．— 成都：四川大学出版社，2023.5
ISBN 978-7-5690-6132-1

Ⅰ．①播… Ⅱ．①王… ②王… Ⅲ．①播音－语言艺术－教材②主持人－语言艺术－教材 Ⅳ．①G222.2

中国国家版本馆 CIP 数据核字（2023）第 089169 号

书　　名：播音员主持人播说评案例教程
Boyinyuan Zhuchiren Bo-shuo-ping Anli Jiaocheng
主　　编：王岩平　王冰曦
丛 书 名：高等教育文科类“十四五”系列规划教材

丛书策划：张宏辉　欧风偃
选题策划：王　冰
责任编辑：王　冰
责任校对：刘一畅
装帧设计：墨创文化
责任印制：王　炜

出版发行：四川大学出版社有限责任公司
地址：成都市一环路南一段 24 号（610065）
电话：（028）85408311（发行部）、85400276（总编室）
电子邮箱：scupress@vip.163.com
网址：https://press.scu.edu.cn
印前制作：四川胜翔数码印务设计有限公司
印刷装订：成都金阳印务有限责任公司

成品尺寸：170mm×240mm
印　　张：14
插　　页：4
字　　数：229 千字

版　　次：2023 年 8 月 第 1 版
印　　次：2023 年 8 月 第 1 次印刷
定　　价：45.00 元

扫码获取数字资源

四川大学出版社
微信公众号

《播音员主持人播说评案例教程》

音频材料提供人员简介

谢东升

湖北广播电视台播音指导

湖北省朗诵艺术家协会会长

中宣部“学习强国”学习平台朗诵播音专家团专家

中华文化促进会主持人专业委员会副主任

中国诗歌学会朗诵演唱专业委员会委员

武汉市全民阅读促进会副会长

中国电视主持人 30 年“年度风云人物”

金话筒“百优奖”得主

王岩平

成都广播电视台主任播音员

西南石油大学艺术学院首届院长、教授

四川省播音与主持艺术教育事业的创立者和开拓者

1991 年获新中国首次颁发的中国广播电视节目主持人“开拓奖”

2004 年在电视专题片《黄昏的忏悔》中，准确、生动地刻画了巴金先生的艺术形象，该片获第 22 届中国电视“金鹰奖”

2021 年获四川省首届“天府金话筒”播音主持艺术终身成就奖

秦燕芝（秦言）

成都广播电视台主任播音员

四川传媒学院有声语言艺术学院教授

普通话水平测试国家级督导员

曾任播音吐字发声、广播电视新闻播音学科带头人，主编《广播电视新闻播音》等教材，出版发行的音像作品有《雷锋的故事》《家庭教师亚克西》等

1991 年荣获新中国首次颁发的中国广播电视节目主持人“开拓奖”

2021 年获四川省首届“天府金话筒”播音主持艺术终身成就奖

米斯茹

四川师范大学影视与传媒学院播音与主持艺术系副教授，博士，硕士研究生导师

四川电视艺术家协会会员，四川省普通话水平测试员

刘婷婷

中共党员，普通话一级甲等

四川音乐学院国际演艺学院播音与主持艺术系副主任

四川省优秀艺术教师，四川省电视艺术家协会会员，四川省高等教育学会播音与主持艺术专业委员会会员，四川省电影家协会会员

关航

中共党员，普通话一级甲等

西南石油大学艺术学院播音与主持艺术教研室副主任

四川省广播电视高等教育学会会员

成都后仰喜剧俱乐部签约演员

窦浩

中共党员，普通话一级甲等

西南石油大学普通话水平测试中心副主任

四川省广播电视高等教育学会会员

赵斯斯

中共党员，普通话一级甲等

四川大学锦江学院艺术学院讲师

西南财经大学特邀礼仪培训师

文化和旅游部艺术发展中心语言表演高级讲师

朱炜炜

中共党员

曾就职于西南石油大学艺术学院播音与主持艺术专业

参编《普通话语音基础与播音发声实训》《普通话语音理论与实践》

罗哲羽

优秀青年教育工作者

中国朗诵家协会会员，四川省普通话水平测试员

2019 国际戏剧节优秀作品指导教师

陈俊佳

广西广播电视台主持人，普通话一级甲等

代表作品：《广西新闻》《准点直播间》《新闻第一击》

安卡尔

新疆卫视主持人，普通话一级甲等

代表作品：《新疆新闻联播》《掀起你的盖头来》《经典诵读》《法在身边》《青春激扬中国梦》

多次主持新疆广播电视台春节联欢晚会、古尔邦节晚会、团拜会

王昊

西藏卫视播音员、主持人，普通话一级甲等

代表作品：《西藏新闻联播》《2019 年春节藏历新年联欢晚会》《2022 年春节藏历新年联欢晚会》《书香西藏》等

李林翰

四川文理学院文学与传播学院播音与主持艺术系讲师，艺术学博士
曾任达州电视台、重庆电视台主持人
夏青杯朗读大赛一等奖、齐越朗诵艺术节“优胜奖”获得者

李特

中国民主促进会会员
湖北省朗诵艺术家协会理事

彭莉

中共党员，湖北省朗诵艺术家协会副主任
《楚天都市报》特邀评论员

孙冰

中共党员，文学硕士
攻读硕士学位期间曾在中央电视台新闻中心担任实习记者，多次参与《新闻联播》《新闻直播间》等新闻节目制作

王冰曦

中共党员，博士研究生，中国高校影视学会会员
朗诵稿件入选第 16 届齐越朗诵艺术节“全国优秀作品”

朱希炜

播音与主持艺术方向硕士研究生
获第 16 届“德艺双馨”公益盛典四川赛区朗诵组三等奖

前　言
PREFACE

播音与主持艺术专业的培养目标是具备广播电视、新闻传播、语言文学、播音学以及艺术、美学等多学科知识与能力，能在广播电台、电视台及其他单位从事广播电视播音与节目主持工作的复合型应用语言学高级专门人才。随着我国经济文化的快速发展，越来越多的人喜欢上了这门艺术，越来越多的岗位需要具备这项专业能力的人才。

早在1984年，中国播音教育重要的创始人之一，中国播音学学科体系创立者，中国传媒大学播音主持艺术学院首任院长、博士生导师张颂教授，在中央电视台的研讨会上就提出了“有稿播音锦上添花，无稿播音出口成章”的论点。

本书第一章“即兴评述”，第二章“读文评述”，第三章“新闻播报与新闻评述”，就是根据播音与主持艺术专业的培养目标和张颂教授的学术论点编写的。第一章“即兴评述”，强调对播音员与主持人“说话”与“评论”的训练；第二章“读文评述”，强调对播音员与主持人“朗读”与“评论”的练习；第三章“新闻播报与新闻评述”，强调对播音员与主持人“播音”与“评论”的实践。每章的篇章页附有二维码，内容为多位播音领域专家录制的朗读与评述，读者可以扫码后收听和学习。因录音内容为精选，音频页面已标记书中相应页码，方便读者对应。

本书的内容，也正是播音与主持艺术专业核心课程体系中“有稿能播，无稿能说，提笔能写，前期能拍，后期能编，全面发展”的主要内容。也就是说，播音员与主持人对工作语言的使用，通过即兴评述、读文评述和新闻播报与新闻评述的实践练习，都能够得到很好的锻炼与提高。

我国播音与主持艺术的诞生与发展和我国广播电视宣传视野的发展有着密不可分的关系。我国的人民广播——延安新华广播电台于1940年12月30日诞生在陕北的革命圣地延安，我国的第一位播音员是徐瑞章（播音名叫麦风）。新中国成立之后，1950年延安新华广播电台在首都北京改名为中央人民广播电台。

老一辈电台播音员齐越、夏青、林田、林如、铁成、方明、陈刚、红云、丁然等，都为党的宣传事业和我国的播音事业做出了宝贵的贡献，形成了具有我国鲜明特色的播音风格和播音特点。

1958年，北京电视台改名为中央电视台。从此，我国的电视事业迅速发展。老一代电视播音员赵忠祥、邢质斌、罗京、张宏民、陈铎、李瑞英等，也同样受到了广大人民群众的喜爱与赞美。

随着经济的腾飞、科技的发展，20世纪50年代，"节目主持人"（Anchor）一词首先出现在美国广播电视节目中，其含义为"跑最后一棒的人"。换句话说，节目主持人是担负着节目播出最关键、最直接、最灵动的任务，"面对面"与受众交流、沟通的人。无论是在新闻类、社教类还是综艺类、谈话类节目中，无不活跃着节目主持人笑容可掬的形象，回荡着节目主持人亲切自然的话语，他们与受众进行互动交流，起着引导社会舆论的作用。

我国"主持人节目"诞生于20世纪80年代初期中央电视台的专题部。第一位节目主持人沈力所主持的栏目名称是"为您服务"。沈力通过亲切自然的话语、平易近人的互动、唠家常式的交流沟通，回答受众提出的各类问题，介绍受众所关心的各种知识，受众都说：沈力老师主持的"为您服务"栏目，仿佛一部"家庭百科"。"为您服务"栏目之所以受到广大人民群众的喜爱与欢迎，除了"主持人节目"的形态新颖，与受众的交流、互动、沟通自然亲切，还与节目主持人典型化、个性化的语言表达有关，与节目主持人的思想素质、文化素质、业务素质、心理素质有着极大的关系。沈力曾说：生活中的每个人都有自己的性格特征，屏幕上也应如此。因为主持人是一个真实的人，而不是模具，他应该有自己的喜怒哀乐，有个性才有活力，才能产生魅力。

"主持人节目"很少为节目主持人提供现成的、充分的、可以依赖的文字稿件。“主持人节目”的形态要求节目主持人边思考，边调动知识储备，边清理逻辑关系，边组织好有序的语言，灵活多变、反应迅速地进行口语表达。并且，在与受众进行交流互动的过程中，既不能啰里啰嗦、漫无边际、拉拉杂杂地说，也不能高高在上、装腔作势，大话、空话、套话不断地说，要通俗易懂地说，平易近人地说，深入浅出地说，具有个性化色彩地说。当然，能够引人入胜、以情动人、立意创新地说更好！这就对节目主持人的口语表达提出了更高的要求。

所以，“主持人节目”的成功与否，不仅仅取决于主持人现场的语言环境和交流沟通的受众氛围，更取决于节目主持人的综合素质与综合能力，取决于节目主持人机智灵活、循循善诱、敏捷多变、语意深邃、发人深省的口语表达，取决于节目主持人对现场主持氛围的调动、把控。而这些都是节目主持人语言基本功的体现，是节目主持人认知能力、思辨能力、思维能力和创新能力的体现。

随着我国广播电视事业的迅猛发展以及其他各种网络媒体的兴起，继老一辈电视播音员之后，又涌现出一大批深受广大人民群众喜爱和赞扬的著名节目主持人，如王雪纯、鞠萍、水均益、白岩松、撒贝宁、董卿、敬一丹、朱迅、李梓萌、欧阳夏丹、王小丫、管彤、孟盛楠、刘芳菲等。

我国广播电视宣传事业的迅猛发展，必然需要源源不断地补充新鲜血液。于是，1963 年经教育局批准，北京广播学院（现中国传媒大学）正式开办了第一届 50 个学生左右的播音班，从此开始了中国播音教育的学历化。1998 年经教育部批准，播音专业正式改名为播音与主持艺术专业。2012 年教育部又将艺术学确定为一级学科。其中包括播音与主持艺术专业。中国科教评价网《中国大学及学科专业评价报告（2017—2018）》发布的中国大学本科专业排行榜涉及 523 个专业，其中开设播音与主持艺术专业的高校为 175 所。开设播音与主持艺术专业的高校，由 1963 年的 1 所发展到 2017 年的 175 所，可谓速度惊人。在此期间，播音与主持艺术专业培养了一批又一批从事广播电视播音与主持工作的复合型人才，为我国广播电视宣传事业的发展做出了积极的贡献。

再以四川省为例：为减轻艺术类考生各个方面的负担和压力，为统一艺术类招生的考试标准，原四川省招办公室于 2000 年，在全省范围内组织实施了表演类、舞蹈类、编导类和播音与主持艺术类的统一联合考试。2000 年，四川省只有 3 所学校设有播音与主持艺术专业，报考该专业的考生，全省也只有 308 人；到 2017 年，四川省发展到 16 所高校设有该专业，报考该专业的考生也猛增到近 9000 人。

我们都知道，语言是人类最重要的沟通交流工具，其中包括文字语言和有声语言。文字语言是为视觉而写的，有声语言是为受众而说的。所以，有声语言作为播音员与主持人所使用的工作语言，必须符合听觉的要求，必须遵循媒体语言传播的可听性、规范性、清晰性、审美性的要求。更为重要的是：播音员与主持人所使用的有声语言应是有感染力的、有灵性的、有生命力的、鲜活的、有情感的语言，而不能是日常口水话的、刻板僵死的、没有灵魂的、呆板乏味的、空洞枯燥的语言。

沈力老师说得好：“作为主持人就应该尽可能用自己的眼睛去观察，用自己的头脑去思考，用自己的心灵去感受，用自己的语言去表达。”语言是播音员与主持人综合能力与综合素质的体现，是播音员与主持人独到的精神风貌与文化内涵的外化，是播音员与主持人生活阅历、思想觉悟、政策水平、新闻敏感、道德标准、审美情趣、专业素质的综合反映。跟随本书的脉络，持之以恒地训练，理解训练导向，掌握训练方法，就能使自己的有声语言水平得到较大的提高，从而真正做到既是党的宣传员，又是广大人民群众的知心朋友。

目　录
CONTENTS

第一章

即兴评述

听即兴评述

即兴口语表达是播音员、主持人的重要能力，因此，即兴评述是测试播音与主持艺术专业学生的重要方法。具体方法是：让学生抽取一个题目，在短时间内组织好论点（主题）、论证（事实）、升华（舆论引导）的构思，然后完成 2～3 分钟的演讲。

即兴评述可以考查学生：（1）仪态、仪表是否端庄、朴实、协调、可亲；（2）用普通话组织、驾驭语言是否流畅、自如；（3）临场应变是否迅速，反应是否灵活；（4）临场交流是否具有较强的对象感、交流感；（5）临场思维模式是否严谨，想象力是否丰富；（6）临场调动自身知识储备的能力以及所具备文化底蕴的广度和深度；等等。总之，即兴评述是考查综合素质和综合能力的重要方法。

俗话说："台上一分钟，台下十年功。"要想在即兴评述测试中获得好的成绩，平时就必须加强练习、加强积累。即兴评述的话题广泛，囊括成语类、历史类、时政类、知识类、专业类、环保类、哲学类、生活类等各种话题。

第一节 即兴评述概述

一、即兴评述的概念

即兴评述，即用口语表达的方式，对某一主客观事物、事件、事理进行临场的即兴阐述、评论，以表明自己的立场和观点。

即兴评述能够突出体现播音员和主持人的综合素质和综合能力。即兴评述看似无章可循，却具有普遍的规律。只要找准方法，掌握规律，多做练习，便可以“更上一层楼”。

二、即兴评述的核心——叙述与评论的关系

对于初学者来说，即兴评述的练习，一般采用先叙述，后评论的方法。从思维模式上分析，这种先叙述后评论的方法是顺向、发散式思维逻辑。这种思维逻辑顺理成章，容易掌握，容易表达，容易体现出严密的逻辑结构。

1. 叙述是手段，是讲述的事实，是为评论提供的依据。叙述事实是即兴评述中的一个重要环节，但不是目的，评论才是目的。评论要评出以理服人的道理。另外，评论也要为主题的升华做铺垫，从而使即兴评述的主题起到引导舆论、教育受众的目的。

2. 叙述部分也要有重点、有目的，要选择有代表性的事例。在叙述事实、展开事实的过程中，要注意结构的完整、逻辑的严谨、语言的流畅、仪态的端庄、交流的自如。评论要有针对性，要善于抓住叙述中的核心事实进行评论。这样才能高屋建瓴，弘扬主题。

3. 叙述与评论要相辅相成，互为依托，这样才能够使叙述与评论从顺理成章的感性认识，自然地转化为理性认识，使受众在不知不觉中给予认可、受到教育。

第二节　即兴评述的训练与表达

一、即兴评述训练的一般规律

面对即兴评述话题：

第一步：确定鲜明的主题和突出的中心内容。有了鲜明的主题和突出的中心内容，才有可能搜寻具有代表性的典型事例进行叙述，展开逻辑论证，也才有可能进行有针对性的评论。

第二步：事实胜于雄辩。选择有代表性的、有典型意义的事例展开以情动人的描述，以达到证明主题正确的目的。铁的事实为评论进行了铺垫，为评论提供了让人信服的理由，同时也为评论找到了以理服人的依据。

第三步：将有代表性、有典型意义、反映个体性的事实，扩展到具有共性意义的全局，以升华主题、引领舆论、教育受众，达到即兴评述的最终目的。

简而言之：

确定鲜明的主题（论点、中心）；
寻找典型的事例（论证、事实）；
扩展感人的论据（升华、引领）。

二、即兴评述的表达原则

1. 提高自己体态语的表现能力，仪态仪表端庄、朴实、协调、可亲；

2. 提高自己用普通话组织、驾驭语言的能力；

3. 提高自己的临场应变能力；

4. 提高自己与现场受众的交流能力、互动能力和亲和能力；

5. 提高自己面对即兴话题时的迅速判断能力、思辨能力、创新能力和在口语即兴表达中的逻辑能力、感悟能力；

6. 提高自己快速调动自身知识储备的能力，同时提高自己知识体系的深度和广度。

第三节　即兴评述范例及部分试题

一、即兴评述范例

·成语类·

皮之不存，毛将焉附

基础是根本　本末倒置将得不偿失

述：《新序·杂事二》讲述了这样一个故事：魏文侯外出游历，看见路上有个人反穿皮衣背草料，魏文侯问："为什么反穿这皮衣背草料？"那人回答："我喜爱我皮衣上的毛。"魏文侯说："你不知道如果皮被磨光，毛也就没地方依附了吗？"这句成语的意思是：皮都没有了，毛往哪里依附呢？比喻事物失去了借以生存的基础，就不能存在。

评："皮之不存，毛将焉附"让我想到了地球与人类的关系。地球是人类生命的摇篮，为孕育和维持一个个奇妙的生命系统提供了必不可少的条件。然而，人类为了寻求舒适便捷的生活，在不断征服和改造自然的过程中，过度开采资源，破坏生态环境，地球因此变得"暴躁不安""喜怒无常"，各种灾难一次次向人类敲响警钟。大家一定对 2011 年日本福岛核泄漏事件记忆犹新，此次核泄漏使方圆 20 公里的民众被迫逃离家园，12 年过后的今天核污染还未被完全清除。当前，人类种种破坏生态的行为好似自掘坟墓：温室气体的过度排放致使全球气候变暖，人类终有一天将会掉进“热陷阱”里不能自救；大量的污染物排放至江河湖海，万物生灵的“淡水危机”日渐迫进；乱砍滥伐、过度开垦致使荒漠化情势加剧，威胁着10多亿人的生存……如此种种，皮之不存，毛将焉附！倘若世人再不警醒，终有一天会为自己的不当行为付出惨重代价。

人类不能没有地球。每个地球人都应树立环保意识，将保护环境落实到实际行动中，悉心呵护地球，与大自然和谐相处。我作为一名学生，将树立绿色和环保理念，从自身做起，从点滴做起，减少私家车出行、节约用水、爱护植被，不用一次性筷子及塑料用品等，用己之力，悉心呵护我们及子孙后代赖以生存的家园！

投我以桃，报之以李

真诚待人　用心做事

述：“投我以桃，报之以李”出自《诗经・大雅・抑》，意思是：他送我桃儿，我以李子回赠他。比喻相互赠答，礼尚往来。

评：在中华典籍里，崇尚投桃报李、礼尚往来的文字和故事比比皆是。《礼记》言：“往而不来，非礼也；来而不往，亦非礼也。”《朱子家训》曰：“涓滴之恩，当以涌泉相报。”韩信不忘一饭之恩，伯牙摔琴以谢知音。再看当代，《感动中国》里的人物，故事各有不同，回报他人、回报社会却是他们共同的思想核心。中华民族如此崇尚投桃报李的思维方式，因为它是维系人际关系的前提，是构建和谐社会的基石。认真践行投桃报李的道德准绳，我们就可以化敌为友，把无情化为有情，社会也会在这种投与报的转化中更加和谐。

我们青少年一代，在与人的交往中，应在人格上尊重他人，在情感上关心他人，在学习和生活中帮助他人。只要真诚待人，用心做事，我相信，我们定会拥有更多的朋友、更多的收获。

学而不思则罔，思而不学则殆

学思结合　所得更丰

述：“学而不思则罔，思而不学则殆”出自《论语·为政》，意思是：只学习却不思考就会迷惑，只思考却不学习就会精神疲倦而无所得。

“学而不思则罔，思而不学则殆”是孔子提倡的一种学习方法。一味读书而不思考，就会因为不能深刻理解书本的意义而不能有效利用书本的知识，甚至陷入迷茫；如果一味空想而不去实实在在地学习和钻研，终究是沙上建塔，一无所得。这句话告诫我们只有把学习和思考结合起来，才能学到切实有用的知识，否则就会收效甚微。

评：学与思在学习的过程中是两条相互交叉的线，只有将学与思结合在一起，在学习的基础上加以思考，对思考中的迷惑通过学习探寻答案，两者相辅相成，才能使自己成为一个有学识、有思想的人。马谡，熟读兵法却不思考，生搬硬套，最终痛失街亭，也丢了性命；物理学家牛顿，通过思考“苹果为什么会掉到地上”的问题，并积极学习探索，从而提出了万有引力定律。

我们青少年一代，既不做书呆子，也不做空想家。对通过日常学习所获的知识和技能多去思考应用、总结沉淀，与此同时，对学习中遇到的问题，在思考的基础上，多向书本、向老师或身边人请教，从而释疑解惑，这样才能学有所得、学有所获。

登泰山而小天下

增长见识　放飞梦想

述：“登泰山而小天下”出自《孟子·尽心上》。意思是：孔子登上泰山，天地一览无余。这里的泰山，实际指人的眼界，比喻人的视点越高，视野就越宽广。

评：作为一名登山者，登上泰山之巅，临风而立，才深知天下之大。我们清楚地认识到，肩负新闻传播和文化传播使命的播音员和主持人应具备的素质与内涵，比如：标准的普通话、良好的语言表达能力、灵敏的思辨能力以及深厚的文化底蕴等。放眼四周，有许许多多优秀的播音员和主持人，通过与他们的接触交流，观摩他们在镜头前的精彩表现，我们深深感受到了自身的不足。我们将坚定理想，凭借我们的智慧、勤奋与坚韧，去丰富知识、增强能力、蜕变自己，朝着自己的理想不懈奋斗。

事实上，无论求学、创业还是做人，都应"登泰山而小天下"。眼界决定境界，站得更高才能看得更远。我们青少年一代，将刻苦努力学习，不断开阔眼界，增长见识，为今后放飞梦想、实现自身价值而打下坚实的基础。

知人者智，自知者明

人贵有自知之明

述："知人者智，自知者明"出自老子的《道德经》。意思是：能正确认识别人的人是智慧的，能正确认识自己的人是聪明的。我们认为，真正聪明智慧的人，应该既能正确认识别人，更能正确认识自己。

评：大千世界是一个大的舞台，上天赋予我们不同的角色，我们必须要在这百年一宿的人生逆旅中，认清自己，做最好的自己。认清自己，做好自己，是一种思维的换位，是一种力量的积蓄，是一种战略的转移。

《三国演义》里的马谡，熟读兵书，通晓战策，曾屡次给诸葛亮参谋军国大事，均被采纳。然而马谡最终因为自以为是而在街亭惨败。守街亭的时候，他曾三次大笑，一笑丞相多心，二笑司马懿胆小，三笑王平妇人之见。可是，贻笑后世的恰恰就是马谡自己。从马谡失守街亭被斩一事，我们明白了，自大者不能成为自知者，更不能成为自胜者，人必须要有自知之明！

“胜人者”，凭借的也许是个体的蛮力；“自胜者”，凭借的则往往是坚强的意志。自知者明，自胜者强。能够认识自我、战胜自我的人，才是真正的强者。

橘生淮南则为橘，生于淮北而为枳

营造良好环境　成就栋梁之材

述：“橘生淮南则为橘，生于淮北则为枳”出自《晏子春秋·内篇杂下第六》。意思是：橘子生长在淮河以南就称为橘，生长于淮河以北就称为枳。比喻环境改变了，事物的性质也随之改变。

评：同样是橘子，生长的环境不一样，最后结出的果实就不同，一个甜美甘香，一个酸涩难尝。这说明了环境对植物的重要影响，人也一样，否则就不会有“孟母三迁”的典故了。

人们常把我们青少年一代比作祖国未来的栋梁，但当前还只是树苗的我们，只有在适宜的土壤和环境中才能茁壮成长为栋梁之材；反之，就会因为缺乏营养而被自然淘汰。所以，对于正处于德智体发育关键期的我们，良好的家庭环境、学校环境和社会环境对我们的健康成长至关重要，缺一不可。

我们将时刻铭记“橘生淮南为则为橘，生于淮北而为枳”的道理，鉴别并选择良好的学习环境与生活环境，远离黄赌毒等不良事物，远离各类不良场所，交益友而不交损友，安心学习，增进知识，提升素质，成长为正直的人、对社会有用的人。

吾日三省吾身

反省自我　改进自我

述：“吾日三省吾身”出自《论语·学而》。意思是：每天多次反省自己的言行。

评：反省自我是生活中的一面镜子，它可以帮助我们找出自己的瑕疵，不断追求完美；反省自我还是前进的动力，推动我们最终走向成功。从古至今，不论是个人还是集体、国家、民族，若想进步，就需要在不断的反省中正视自己的失败和缺点，然后积聚力量，有方向地前进。刘邦若不谙反省自我的精髓，逢战便输的他又怎能成就汉家天下？唐太宗如不纳魏征之言，一意孤行，又怎能开创贞观之治？走进现代，如果没有五四运动的一声惊雷，催人自省，我们脚下的这片土地此时又将是何等模样？

孔子“吾日三省吾身”，最终成为一代圣人。作为青少年一代的我们，也应该养成自我反省的习惯，让反省成为一面明镜，帮助我们认清自我，改进自我，让成长的脚步朝着正确的方向迈进。

老吾老以及人之老，幼吾幼以及人之幼

尊老爱幼　传承美德

述：“老吾老以及人之老，幼吾幼以及人之幼”出自《孟子·梁惠王上》。意思是：在赡养孝敬自己的长辈时不应忘记其他与自己没有亲缘关系的老人，在抚养教育自己的小辈时不应忘记其他与自己没有血缘关系的小孩。就是要像对待自己家里的老人和孩子一样，对待所有的老人和孩子。

评：尊老爱幼是中华民族的传统美德。老人为社会奉献一生，理应

得到我们的尊重与爱护；孩子是社会的未来，同样该得到我们的悉心呵护。生命的四季，你我都会经历，无论是对孩子，还是对老人，都请多一点耐心、多一点包容、多一点真诚的爱。

作为青少年一代的我们，更应将尊老爱幼的美德不断传承。遇到害怕过马路的小孩，让我们轻轻地牵起他们的手；遇到拾荒的老人，请主动把手里不要的空瓶递给他们，而不是随地乱扔，让他们再多弯一次腰……凡此种种，身边的细微事，都是“老吾老以及人之老，幼吾幼以及人之幼”的有效实践。用这样的心态去帮助老人和孩子，我想我们也会收获一分恬然的快乐。

老吾老以及人之老，愿天下所有老人都有温暖幸福的晚年；幼吾幼以及人之幼，愿天下所有孩子都能健康成长。

赠人玫瑰，手有余香

帮助别人　快乐自己

述：“赠人玫瑰，手有余香”是一句印度谚语。意思是当你把玫瑰赠予别人的时候，自己的手中也会留下淡淡的芬芳。比喻当你做出惠及他人的善举时，自己也会从这个行动中有所收获。

评：在经济社会飞速发展的当今中国，仍然有一些人身体力行诠释着雷锋精神的内涵，“当代雷锋”郭明义、“最美妈妈”吴菊萍、“最美老师”张丽莉……他们用善心善举呵护道德良知，用点滴行动挺举整个社会向上向善，而他们，也在体现自身价值的过程中收获了快乐。

赠人玫瑰，手有余香；帮助别人，快乐自己。只要人人都献出一分爱，这世界就会变成美好的明天。作为青少年一代的我们，更应坚守对雷锋精神的肯定和向往，用自己的真心去奉献社会，用自己的行动去帮助他人，在实现自身价值的过程中感受成就与快乐。

塞翁失马，焉知非福

以平和乐观的心态对待生活

述：“塞翁失马，焉知非福”出自《淮南子·人间训》。意思是：老翁丢失了马，哪里就知道不是福气呢？比喻坏事在一定条件下可变为好事，反之亦然。

评：任何事情都有两面性，不好的一面有可能向好的一面转化，看上去很好的事情也有可能隐藏风险。陶渊明仕途不顺，失去荣华富贵，却成就了他精深的文学造诣；霍金患运动神经细胞萎缩症丧失生活能力，但他因此抛开杂念，绽放智慧而成绩斐然。

让我们谨记“塞翁失马，焉知非福”的道理，以平和的心态对待所遭遇的好事与坏事，对待生活的顺境与逆境，保持平和乐观的心态。只有这样，我们的人生才能更加美好，生活才能更加充满希望。

大智若愚

心如明镜　谦和做人

述：“大智若愚”出自《老子》。意思是：才智很高而不露锋芒，表面看好像很愚笨。

评：“聪明”和“愚蠢”是一对反义词，一般来说，聪明是褒义的，愚蠢是贬义的，但有时它们又可以相互转化。有的人要小聪明反而弄巧成拙，其实是愚蠢的；而内在聪明却看似愚蠢，这才是真正的聪明，就是所谓的大智若愚。

“聪明人”杨修让曹操一忍再忍，忍无可忍，杨修的脑袋就搬了家；而装傻的鲁肃十分识大体，正是他的“愚蠢”促成了孙刘联盟，形成了三国鼎立的局面，我们不得不惊叹，鲁肃真是高明！

常言说得好：大才华朴实无华，大智慧大智若愚。让我们把“大智若愚”当作智的最高境界。当然，装傻倒不必，只需不卑不亢，心如明镜，踏实做事，谦和做人。这样，人生将会多些乐趣，少些烦恼，何乐而不为呢？

知之者不如好之者，好之者不如乐之者

兴趣是最好的老师

述：“知之者不如好之者，好之者不如乐之者”出自《论语·雍也》。意思是：对于学习来说，了解怎么学习的人，不如爱好学习的人；爱好学习的人，又不如以学习为乐的人。这句话为我们揭示了取得最佳学习效果的秘密，那就是对学习的热爱。

评：孔子这句话讲述了学习的三层境界：知—好—乐。“知之”是学习的最低境界，相当于“要我学”；“好之”是学习的较高境界，相当于“我要学”；“乐之”是学习的最高境界，相当于“我爱学”。

兴趣是最好的老师。我们青少年一代正处于求学的关键时期，一定要深谙“知之者不如好之者，好之者不如乐之者”的道理，不仅要变“要我学”为“我要学”，还要从“我要学”到“我爱学”，培养自己对学习的浓厚兴趣。

热爱播音与主持艺术专业，我们就会在快乐中学习，将所学知识入脑入心，不断提升思想品德、新闻敏感、文化素养和专业技能。即使未来求学之路仍然艰辛漫长，我们也将乐在其中，坚定梦想，砥砺前行。

吾生也有涯，而知也无涯

求索之路与人生旅程同行

述：“吾生也有涯，而知也无涯”出自《庄子·内篇·养生主》，原文为“吾生也有涯，而知也无涯，以有涯随无涯，殆已”，意思是：人生是有限的，但知识是无限的，用有限的人生追求无限的知识，是必然失败的。现常取前两句作勉励之用：人的生命是有限的，而知识是无限的，所以要有时不我待的紧迫感，抓紧时间努力学习，尽可能多地摄取知识。

评：人的学习追求应当是无止境的，但人的精力是有限的，我们不可能把所有的书读完。在大量书籍中，我们应当围绕提高思想水平、增强工作能力、完善知识结构、提升精神境界，选择那些与所从事的工作关系密切、自己爱好和有兴趣的书来读，力争在有限的时间内取得最佳的读书效果。

作为青少年一代，我们将以“吾生也有涯，而知也无涯”时刻勉励自己，活到老学到老，广泛涉猎，点滴积累，凭借自己的智慧、勤奋与坚韧，不断增强自身知识与能力储备，用知识丰富人生、成就梦想！

时光稍纵即逝，而学海无涯。求索之路应与人生旅程同行！

拔苗助长

因材施教胜过拔苗助长

述：“拔苗助长”出自《孟子·公孙丑上》。意思是：把苗拔起，帮助其生长。比喻违反事物的发展规律，急于求成，反而坏事。

评：“拔苗助长”的故事让我想起了天下望子成龙的父母们。父母寄厚望于孩子本无可厚非，但现实生活中，有些父母不顾自家孩子的天赋、资质和心理承受能力，只顾“拔苗助长”，硬要“赶鸭子上架”，各种补习班、兴趣班让孩子无所适从。孩子在学习过程中因自身能力差距，体验不到由努力带来的成功的喜悦，从而丧失了对成功的追求和信心。

客观事物的发展自有它的规律，仅靠良好的愿望和热情是不够的。同样，每个孩子都有自己独特的潜质，父母给予孩子的期望应该因人而异，量力而行。别忘了古人的一句话：“小以成小，大以成大。”对孩子因材施教才是最重要的。

读书破万卷，下笔如有神

阅读是写作的基础

述：“读书破万卷，下笔如有神”出自唐朝诗人杜甫《奉赠韦左丞丈二十二韵》。形容博览群书，把书读透，这样落实到笔下，运用起来就会得心应手。

评：“读书破万卷，下笔如有神”揭示了阅读与写作之间的关系。一般写作能力较好的人，其阅读量一定不会少，阅读范围也会比一般人更广。也就是说，充分阅读是写好文章的必要条件，而写作能力的高低是衡量一个人阅读水平的充分条件。马克思为写《资本论》，阅读1500多本书籍，掌握欧洲所有国家的语言，为后来的撰稿积累了取之不尽、用之不竭的信息和资料。

既然阅读与写作有如此重要的关系，那么我们要想提高自己的写作水平，增加阅读量不失为一种好办法。一方面能够为我们的写作积累素材，另一方面也能陶冶我们的情操，提高文学修养，增加知识积累。

书籍让我知道了世界的精彩，给予了我智慧，教会了我思考。无论是现在的求学之路，还是未来的事业旅程，书籍都将是我的忠实伙伴，陪我走过人生的风风雨雨。

路遥知马力，日久见人心

时间是检验一切的度量衡

述：“路遥知马力，日久见人心”出自《事林广记》，意思是：路途遥远才能知道马的脚力好赖，日子长了才能看出人心的好坏。

评：人与人之间的交往，从认识到了解，友谊、真情并不都是一以贯之的。有些人刚成为朋友时轰轰烈烈，恨不得为朋友两肋插刀，可等到遇见了事情却“插朋友两刀”；有些人最初相识时也许并非十分热情友好，但随着时间的流逝才发现彼此之间的价值观和人生观十分贴近，最后反而成了真正的朋友。“路遥知马力，日久见人心”这句话启示我们，认清一个人并不是一朝一夕的事情，“试玉要烧三日满，辨材须待七年期”，时间才是检验一切的度量衡。

在学习与生活中，我们将以真实、真诚作为交友待人的根本，只要彼此真心付出，即使是“淡如水”的交往，也能经得起时间的检验。

志当存高远

志存高远　脚踏实地

述：“志当存高远”出自《诸葛亮集·诫外甥书》。意思是人应当怀抱高远的志向。

评：自古以来，那些为人类做过贡献，对文明进程有过影响的人，都是目标远大而又脚踏实地的人，他们大多在人生早期就立下了鸿鹄之志，并为之奋斗终身。孔子曾言：“三军可夺帅也，匹夫不可夺志也。”他正是用实际行动践行着他的志向，并用他的思想影响了整个中华民族。曹操的“老骥伏枥，志在千里。烈士暮年，壮心不已”则体现了他个人的慷慨壮志，也是建安时代所有有志之士的心声。

志向高远需始于足下，就是要趁风华正茂之时脚踏实地，用心求学，增强知识与能力储备；努力工作，为建设祖国添砖加瓦。我们要立志做大事，就要舍弃小我，将个人志向融入实现中华民族伟大复兴的“中国梦”。也许我们通过努力成了国家的骨干，也许我们只是一名普通的劳动者，但是不管我们身处何时，身处何地，只要是为国家奉献、为人民谋福，就是大事业、大志向，都值得我们奋斗终身。

读万卷书，行万里路

既读万卷书又行万里路　理论与实践缺一不可

述：“读万卷书，行万里路”出自明代董其昌的《画禅室随笔》。读万卷书指要多读书，让自己才识过人；行万里路指要多实践，让自己见识广阔。

评：曾有人这样比喻“读书”与“行路”的关系：“读万卷书”好比人们通过一个窗口看到了知识和能力的金山，但要想真正攀上这个金山，还要靠走出门去“行万里路”。的确如此，读书与行路是互补的关系，如若只行路而不读书，则会全然没有思想，遇到事情无法从理性的角度去思考去分析，这样只能是“瞎走”；而只读书不行路也是不够的，因为博览群书之后，必定会进入求知的第二步，学以致用，通过理论结合实际，巩固所学并进一步增长见识。大禹在随父治水中悟到了“宜疏不宜堵”的治洪原理，孔子周游列国来印证所学。所以，读书与行路应当结合起来，首先“读万卷书”，获得满腹经纶，然后“行万里路”，亲历躬行，精思细悟，知识水平才会飞跃到一个更高的层次。

人无远虑，必有近忧

居安思危　未雨绸缪

述：“人无远虑，必有近忧”出自《论语·卫灵公》。意思是：人如果没有长远的谋划，就会有即将到来的忧患。

评：“人无远虑，必有近忧”让我想到了生态环境问题。20世纪以来，人类大刀阔斧地向自然开战，无节制开采资源、过度排放污染，在带来物质财富的同时，造成生态失衡，灾难也就接踵而至。其实，人类遇到危机并不可怕，可怕的是对危机不在意。在现实生活中，就有相当一些人对“天”盲目乐观，认为天不会塌下来；而正是那些怀有“远虑”的人，不遗余力地向全世界推广着“可持续发展”理念，推动对生态环境的保护。

辩证法告诉人们，事物是可以相互转化的，居安思危，危才可以转化为安；高枕无忧，以危当安，危就会渐变为祸。我们应该经常以“人无远虑，必有近忧”告诫自己，凡事不可只顾当前，而应看得长远一些，多些忧患意识，做到未雨绸缪，防患于未然。

吃得苦中苦，方为人上人

宝剑锋从磨砺出　梅花香自苦寒来

述：“吃得苦中苦，方为人上人”出自明朝冯梦龙的《警世通言》。意思是吃得千辛万苦，才能获取功名富贵，成为别人敬重、爱戴的人。

评：古往今来，仁人志士能取得巨大成就，与他们在艰苦环境中的磨砺是分不开的。越王勾践，卧薪尝胆，经十年隐忍，谱写了反戈一击的帝王伟业；司马迁饱受宫刑之苦却能忍常人之不能忍，才有鸿篇巨制《史记》的成功；海伦·凯勒，失明失聪，却艰苦求索，成功掌握五门语言并成为出色的演讲家；改革开放总设计师邓小平，三起三落，仍傲然屹立，其传奇人生映照中国历史画卷。

宝剑锋从磨砺出，梅花香自苦寒来。芳香在风雪中孕育，剑锋也非浑然天成，而是来自现实中的一次次打击和磨砺。让我们谨记“吃得苦中苦，方为人上人”的格言，抛开浮躁，坚定内心，认真面对求学乃至人生路上的每一次挑战和磨砺，用自己的智慧、勤奋和坚韧书写未来。

上善若水

泽万物而不争名利

述：“上善若水”出自老子的《道德经》。意思是：最高的善像水那样。水有滋养万物的德行，它使万物得到它的利益，而不与万物发生矛盾和冲突，故天下最大的善性莫如水也。

评：“上善若水”也是人的高尚美德：适应顺境逆境，从不与人争锋，心胸沉静高远，说话言而有信，处事能方能圆，行动善择时机。越人范蠡所坚持的就是这种如水的人生。他与卧薪尝胆的越王勾践同甘共苦，在越国最终击败吴国之后被任命为大将军。在世人看来，此时的范蠡本应富贵荣华风光无限，可他却辞去官职离开越国，彻底地销声匿迹了。

我们为人处世，需要领悟老子那振聋发聩的不朽名言：“夫唯不争，故无尤。”只有奉献不争，才能没有怨尤。在日常生活和工作中，不要与人争功争利，要做有利于众人的事情，尽己所能地贡献力量帮助别人。

厚积薄发

博观而约取　厚积而薄发

述：“厚积薄发”出自苏轼的《稼说送张琥》，意思是：多多积蓄，慢慢放出。比喻通过长期的量变过程积累实力，建立完善的稳固的基础从而得到质的突破。

评：万事万物都有自身发展规律，只有遵循规律，脚踏实地，稳步向前，才能不断接近并取得成功。勾践灭吴，十年生聚，十年隐忍，是蛰伏才能报仇雪恨；马克思阅读1500多本书籍，掌握欧洲所有国家语言，为撰写《资本论》积累了取之不尽、用之不竭的信息和资料。

每个人的成长都离不开丰富的人生阅历，离不开丰厚的文化底蕴和能力储备，只有充分积累，我们思想的、创造的源泉才不会枯竭。处于求学阶段的青少年，当前应安心于课堂，静心求学，多读书、多剖析、多思考，增强知识和能力储备，为未来走上工作岗位、服务社会经济发展积蓄力量。

尺有所短，寸有所长

用其所长　避其所短

述：“尺有所短，寸有所长”出自《楚辞・卜居》。意思是：尺虽比寸长，但也有不够长的时候；寸虽比尺短，但也有用得上的时候。比喻人或事物各有其长处和短处，每一个人都不可能十全十美，也不可能一无是处。

评：爱迪生和贝多芬都是大师，爱迪生擅长的是发明创造，贝多芬精通于音乐创作。如果硬要避其长，就其短，让贝多芬搞发明，让爱迪生从事音乐创作，那结果可想而知。当然，在我们周围，也不乏科科拔尖、样样都佳的人，但恐怕只是凤毛麟角，大多数人既有“长”科，也有“短”项，应用其所长，避其所短。

孔子说：“三人行，必有我师焉。”既然每一个人都有长处和短处，那么我们就应该正确地认识自己和看待别人，既不因自己有不及人之处就妄自菲薄，甚至自暴自弃，也不因他人有不及己之处便自高自大、盛气凌人。要虚心地相互学习，这样才能取得进步。

尺有所短，寸有所长。但愿我们每个人都能认识到这个道理，以自己的专长为我们的国家社会做出自己的贡献。

绳锯木断，滴水穿石

坚定目标　持之以恒

述：“绳锯木断，滴水穿石”意思是：用绳子锯木头，时间长了，木头也会断；水滴滴在石头上，时间长了，石头也会被击穿。比喻力量虽小，只要目标专一，持之以恒，再困难的事情都能办到。

评：“绳锯木断，滴水穿石”给了我两个方面的启示：首先，要坚定目标，树立信心。只要我们认定了目标，就要坚信通过努力能够实现目标。其次，要付诸行动，持之以恒。目标的实现是一个日积月累的过程，欲速则不达，既不能因为付出了努力没有很快见到成效而气馁，也不能因为看到一点成绩就停步不前。要认准目标，正视过程，坚持不懈，通过一步一步稳扎稳打，赢得最后的胜利。

现实生活中，我们要发扬“绳锯木断，滴水穿石”的精神，坚定目标，并持之以恒。每一天的努力虽然看似单薄，但我坚信，凭着自身的智慧、勤奋与坚韧，终有一天会梦想成真。

·历史类·

铭记“九一八”

勿忘国耻　历史永存

述：1931 年 9 月 18 日，日本侵略者悍然发动九一八事变（日本关东军自行炸毁“南满”铁路沈阳北郊柳条湖的一小段路轨，反诬中国军队所为，随即炮轰东北军驻地北大营），点燃了日本长达 14 年的侵华战火。九一八事变是中国国难降临的日子，成为中国人民抗日战争的起点，揭开了世界反法西斯战争的序幕，中华民族踏上了从救亡到解放的抗日曲折道路，开启了从未有过的民族觉醒和命运转折的艰难历程，全国人民在中国共产党领导下不屈不挠、浴血奋战，最终取得抗日战争伟大胜利，铸就了伟大的抗战精神。

评：今年是九一八事变爆发 92 周年。92 年虽已过去，但“九一八”仍是中国人民心口的一道伤疤，在这个和平年代向人们发出不可忘却的警示。

铭记“九一八”这个国耻日，是为了激励世人知耻而后勇，强军富国，开创未来。曾经的屈辱，是中华民族的“清醒剂”，“落后就要挨打”“团结就是力量”的教训和经验警醒着每一个中国人，要肩负起自强不息、众志成城的勇气和精神，凝聚以史为鉴、开创未来的源源动力。

少年智则中国智，少年强则中国强。当前，身为学生的我们，应该承担起我们的责任，努力求学，增强知识和能力储备，为未来建设祖国打好基础，为实现中华民族伟大复兴而努力奋斗。与此同时，学校应加强对学生的历史知识教育，政府、社会团体则要以多种形式开展纪念活动，让祖国和人民时刻铭记“勿忘国耻，历史永存；振兴中华，匹夫有责”。

不变的爱国情

永葆爱国情　实现中国梦

述：一个国家，无论是先进还是落后，战乱还是和平，富有还是贫穷，都值得国人无条件地去爱。因为我们生长在这里，所以我们爱着这片土地。

评：在遥远的古代中国，爱国是国生我生、国亡我亡的气节：爱国志士屈原，在楚国灭亡之时，毅然决然投入汨罗江。

在艰难屈辱的近代中国，爱国是为国战斗到最后一刻：爱国将领邓世昌，指挥黄海海战，在弹药将尽时开船猛冲敌船，与敌人同归于尽。

在百业待兴的新中国成立初期，爱国是放弃金钱名利为国效力：爱国科学家钱学森，抵御国外种种诱惑与威胁，毅然回国支撑起国内科研事业。

在生活小康的当今中国，爱国是全国人民为实现中华民族伟大复兴的“中国梦”砥砺奋进。爱国的方式多种多样：投身于经济社会建设，效力于部队安防，传承中华传统文化……而青少年一代更应该承担起自己的责任，努力求学，增强知识和能力储备，为将来建设祖国打好基础。

国家，不仅是我们的国，更是我们的家。让爱国精神成为“中国梦”的精神底蕴，引领中华儿女沿着建设“中国梦”的大道，慷慨高歌，铿锵前进。

·人与自然类·

绿色的力量

倡导绿色发展　还地球郁郁生机

述：50 万年前，地球的守护天使——绿色植物，已经来到这个星球为人类预先做准备，人类的生命因之得以存续。就拿亚马逊雨林来说，其产生的氧气占全球氧气总量的 10%，滋养了雨林内万物的生命。可以说，绿色植物是生物赖以生存的基础。

评：绿色植物之于地球，就如同肺与人类的关系，植物吸收二氧化碳，呼出氧气；人类吸收氧气，呼出二氧化碳。植物与人类，二者是一种完美的共生关系。但是，为了追求更好的物质生活，人类一直以来毫无禁忌地掠取绿色。据联合国统计，目前地球上每分钟就有 20 多公顷的森林被毁掉，1950 至 1985 年短短 35 年时间，全世界的森林面积就减少了一半。长此以往无节制地消耗绿色，其结果就是水土流失、土地沙化、地球变暖、灾难频发……

“绿水青山就是金山银山。”为了保护我们和子孙后代赖以生存的环境，我们应深刻意识到绿色的重要性，积极推行植树造林、绿色发展，倡导绿色消费、绿色出行。就我们自身而言，也将从身边做起，从点滴做起，爱护植被、节约纸张，不用一次性筷子等物品，用一己之力，让地球重现郁郁生机，还大自然一片绿色！

我与生态环境

保护环境　从我做起

述：人类只有一个可生息的村庄——地球。当前，人们已意识到，无节制消耗资源和污染环境的生活方式，正造成地球的生态环境日益恶化，保护环境就是保护人类自己。而在实际生活中，仍然有那么一些人，一边高声呼吁要善待地球，一边却抱怨汽车限行带来不便，吐槽超市塑料袋需要付费，做着语言的巨人、行动的矮子。

评：我认为，保护环境不能仅仅停留在担忧和抱怨上，保护环境取决于你、我、他每一个人的行动。全人类必须行动起来，选择有利于环境保护的生活方式：节约资源、循环利用；植树造林、减少污染；保护动物，和谐共生。

我们青少年一代，将深化绿色和环保理念，从自身做起，从点滴做起，减少私家车出行、节约用水、爱护植被，不用一次性筷子及塑料用品等，用一己之力，悉心呵护我们及子孙后代赖以生存的家园。

善待地球，人人有责；保护环境，从我做起。

让天空更蓝，大地更绿

心系全球着眼身边　让天更蓝山更青

述：地球，人类生命的摇篮，为孕育和维持一个个奇妙的生命系统提供了必不可少的条件。然而，人类为了寻求舒适便捷的生活，在不断征服和改造自然的过程中，过度开采资源，破坏生态环境。温室效应、淡水危机、雾霾笼罩、土地沙化……种种环境危机威胁着人类，曾经天高云淡、山青水绿的地球已变得千疮百孔、脆弱不堪。

评：是什么让世界在改变？答案正是人类自己。人类不能没有地球。每个地球人都应树立环保意识，心系全球，着眼身边，将保护环境落实到实际行动中，选择环保的生活方式来善待地球：节约资源、循环利用；植树造林、减少污染；保护动物，和谐共生。

我们青少年一代，将深化绿色和环保理念，从自身做起，从点滴做起，减少私家车出行、节约用水、爱护植被，不用一次性筷子及塑料用品等，用一己之力，呵护我们和子孙后代赖以生存的家园。

希望我眼中的世界，天更蓝，山更青，水更绿，人更健康！

环保出行

倡导环保出行　推行低碳生活

述：环保出行，就是采用对环境消耗最小的出行方式，既节约能源、提高能效、减少污染，又益于健康、兼顾效率。

评：当前，温室气体的过度排放导致温室效应，进而使地球变暖、冰川融化。而汽车是增长最快的温室气体排放源，环保出行对减少温室气体排放作用重大。当前，国际社会正为倡导环保出行采取积极的行动与措施。而作为“地球村”的普通“村民”，我们又能力所能及做些什么呢？

事实上，我们只需要一些简单易行的改变，就可成为一名环保出行的参与者：骑自行车、乘公交车或坐地铁上下班；必须开车出门时考虑拼车；短途旅行选择火车而不是搭乘飞机；推广使用新能源汽车；尽量以步代车……

让我们行动起来，抛掉自私自利的陋习，着眼身边，着眼小事，降低能源消耗，减少二氧化碳排放，挽救地球家园的命运，换取我们和子孙后代得以继续生存的未来。

旅游开发与环境保护

积极促进旅游开发与环境保护协调发展

述：当今社会，旅游日益成为国民休闲减压的生活方式之一，也为国家和地区带来巨大的经济收入。但是一些地区却在旅游开发过程中片面追求经济效益，许多风景名胜区和旅游景区都不同程度存在随意砍伐、采石、偷盗国家保护的野生生物、修建违章建筑、任意开辟索道、设置过多旅馆饭店、辟地摆摊设点现象，对生态环境造成了严重破坏。如何协调处理旅游开发与环境保护的关系呢？

评：事实上，旅游开发与环境保护并不是一对矛盾。环境是旅游发展得以永续的前提，合理的开发是保护环境的手段。欲使旅游开发与环境保护相辅相成，要注重以下几点：

第一，树立可持续发展意识。开发者必须要树立对旅游资源的忧患意识，树立旅游开发与环境保护协调发展的意识。

第二，科学制订开发计划。要在充分准备的前提下发展旅游，确保旅游接待人数不超过环境的承载量。国家自然保护区内要有限制地发展旅游甚至是不发展，坚决不能突破环境保护的红线。

第三，严格执行规章制度。建立健全旅游发展过程中关于环境保护的法规、制度，并严格执行确保落实。

总之，我们不必把旅游开发与环境保护对立起来，环境保护是为了更好、更长久地发展旅游。相信在全民环保意识日渐提高的今天，通过开发者、管理者、旅游者对旅游环境的宏观规划和悉心呵护，通过全社会的共同努力，各地旅游资源必能得到永续利用，旅游产业必然能够可持续发展。

·时政类·

我与和谐社会

力尽责任　奉献社会

述：和谐社会就是民主法治、公平正义、诚信友爱、充满活力、安定有序、人与自然和谐相处的社会。

评：建设和谐社会，不仅仅是政府的责任，社会中的每一个个体都有责任有义务参与其中，人人为我，我为人人，只有每个人都从自身做起，从点滴做起，才能汇集起构建和谐社会的力量。

我作为一名学生，将坚定公平正义、诚信友爱的理念，尊敬师长，友爱同学，孝敬长辈；参加志愿者组织，热心公益活动，积极承担社会责任。与此同时，努力学习，增强知识与技能储备，为将来造福社会、奉献社会打下坚实的基础。

和谐产生美

共同建设和谐美好社会

述：和谐是一切美好事物的最大特征。就像一幅画的美在于其色调、构图等各方面的和谐；一首交响乐的美在于众多乐器演奏时音调、节奏等方面的和谐；一个社会的美在于人与人、人与社会、人与自然的和谐。

评：画的和谐因为画中的一切都围绕共同的主题；交响乐的和谐因为不同乐器都鸣奏共同的旋律。而人类社会的和谐需要全人类都立足一个共同的愿景：建设民主法治、公平正义、诚信友爱、充满活力、安定有序、人与自然和谐相处的社会。

建设和谐美好的中国社会，需要全社会中的每一个个体都参与其中。人人为我，我为人人，只有每个人都从自身做起，从点滴做起，才能汇集起构和谐社会的力量。

我们将坚定公平正义、诚信友爱的理念，尊敬师长，友爱同学，孝敬长辈；参加志愿者组织，热心公益活动，积极承担社会责任。与此同时，努力学习，增强知识与技能储备，为将来造福社会、奉献社会打下坚实的基础。

危难中的温暖

挺起民族脊梁　映照人间温暖

述：大家永远记得2008年的“5・12”汶川大地震。地震发生后，全军将士坚决执行中央军委的重要指示，两万多名官兵从祖国的四面八方第一时间冒死进入地震灾害的第一线，给危难中的灾区群众带去了党中央的温暖。

评：危难时刻见真情，危难时刻更见精神。正如鲁迅先生所说：“我们从古以来，就有埋头苦干的人，有拼命硬干的人，有为民请命的人，有舍身求法的人……这就是中国的脊梁。”这场抗震救灾的特殊战斗，考验了我们民族的力量、民族的精神。这些最可爱的人，挺起了中华民族的脊梁，向世界昭示，一个坚强不屈的民族傲然屹立于世界东方。

人民子弟兵给灾区人民送去的温暖，化作了激励全国人民抗震救灾的强大的精神力量。从演艺人员到体育名将，从商界名流到普通群众，从高校学子到幼儿学童，大家纷纷力所能及地为灾区捐赠与祈福。在大灾大难面前，全中国人民汇聚的团结一心、众志成城的感情，是那样的温暖而热烈。

榜样的力量

沿着榜样的道路铿锵往前

述：在我们耳畔，时常萦绕着令人感动的“最美中国人”的故事，“最美妈妈”吴菊萍、“最美老师”张丽莉、“最美司机”吴斌……他们让“最美”二字成为当代中国最为动人的道德符号，成为一种榜样的力量。

评：从这些优秀榜样的身上，我们得到这样的启示：我们无法改变人生的长度，却可以拓展人生的宽度。利他，可以让人生之路更加宽阔，更加丰厚，更有价值，更有乐趣。榜样的力量，引领着人们去呵护道德良知，激赏慈行善举，用自己的点滴行动托举整个社会向上向善；引领我们在思想多元、价值观多样的社会转型期，坚守对“真、善、美”的肯定和向往，用真心去奉献社会，用善举去帮助他人，用美德去传递真诚，诚心诚意、踏踏实实地做好身边的每一件小事。

榜样的事迹近在眼前，近在身边；榜样的力量，可感可思，可学可鉴。“最美中国人”的故事，照见了时代的温润，折射出精神之大美。我们未必成得了榜样，但可以沿着这条美好的道路坚定前行。

我看志愿者活动

奉献关爱　收获快乐

述：人们常说志愿者服务是一种奉献精神，不求回报。我却认为，志愿者活动是一种融奉献和回报于一体的活动。奉献的是关爱和行动，收获的是欢快和满足。“赠人玫瑰，手有余香。”在志愿者的价值追求中，奉献爱心、服务社会与充实自己、感悟人生同等重要。“助人自助”的志愿者活动正在成为当前很多人热衷的社会时尚、生活方式甚至生存状态。

评：志愿者的事业既伟大又平凡。之所以伟大，是因为它是无数志愿者发自内心的爱的付出；之所以平凡，是因为众多志愿者是在日常行动和平凡的工作中，做出了奉献。

一名志愿者就是一把土壤，他们存在的意义，是无数把土壤聚集在一起，成就一道山脊、一条山脉、一片群峰。这样的山峰，可以改变风的走向，可以决定水的流速。这风，就是社会风气；这水，就是文明进程。

青少年一代，更应积极参加学校和社区组织的志愿者活动，认真实践“奉献、友爱、互助、进步”的志愿者精神，以自己的热忱和爱心，关怀弱者，关爱他人；完善人格，弘扬新风；为社会的和谐美好尽一分力！

我看慈善捐助

以微薄之力，让世界更美

述：慈善捐助是人道主义的善举，是社会文明进步的标志。随着互联网时代的到来，微公益等网络募捐形式使我们能以最快的速度帮助到有急切需要的人。据民政部统计，自 2016 年 9 月 1 日《中华人民共和国慈善法》施行以来，我国每年通过网络实施的捐赠超过 10 亿人次，捐赠金额超过 20 亿元，捐赠主体主要由“80 后”“90 后”构成，呈现大众化、年轻化、小额化趋势，“人人公益、随手公益、扶贫济困”正成为一种社会文明风尚。

评：以微薄之力，让世界更美。慈善是春雨，润物细无声，关爱弱势人群，集结爱心联盟，传播温暖与爱心。让我们携手走在慈善事业的大道上，从一个人，到一群人，到整个社会，为困难的人送去温暖和希望，将正能量传递到各处各方，携手走出一条互助互爱的和谐友善之路。

航天精神给我们的启示

让“航天精神”成为“中国梦”的精神底蕴

述：新中国成立以来，我国航天领域捷报频传，不仅向世界昭示了中国航天科技发展势不可挡，而且形成了宝贵的“航天精神”。这种“特别能吃苦、特别能战斗、特别能攻关、特别能奉献”的精神力量，是激励中国人民奋发进取的强大动力。

评：当今中国，在市场大潮的冲击下，有些人迷失了方向，在他们眼中，人生的目标就是金钱和享受。而航天员们的成功，则从正面向社会昭示：人生价值的实现，靠的是坚定正确的人生方向和艰苦奋斗的作风意志。

“航天精神”对我们的学习、工作、生活有着重要的启示。全社会应大力弘扬载人航天精神，让“航天精神”成为“中国梦”的精神底蕴，引领中华儿女埋头苦干，艰苦创业，开拓创新。我们应该承担起自己的责任，在学习中发扬“航天精神”，努力求学，刻苦钻研，增强知识和能力储备，为未来建设祖国奠定坚实的基础。

五星红旗下的青春

为五星红旗拼搏奋斗的青春熠熠发光

述：我们是幸运的一代！自接触这个世界起，我们看到的就是一个蒸蒸日上、愈加强大的中国。生长在五星红旗下的我们，度过了幸福的童年，正迈入充实的青年。

评：往昔，国破家贫，国危民辱；今日，欣欣向荣，国富民强。驻足于五星红旗下的我们，感不完的是建党开国的逶迤之路，叹不完的是当今中国的日益强盛！美好的思想可以有不同的载体，但是在广袤的中华大地上，这面五星红旗最能够表达为祖国拼搏奋斗的永恒精神。

正值青春年华的我们，可能会喜欢不同的明星，可能会钟情于不同的潮牌，可能会拥有不同的事业追求，可能对人生有不同的规划，但是，爱国的思想永远坚定地存于我们心底。我爱这个曾经满目疮痍的国家，爱这个如今飞速发展的国家，爱这面意义非凡的五星红旗。

我们将会不停地成长……我们正拥有着、幸福着，我们也将付出、将奉献！让我们被五星红旗映照的青春，更加灿烂无悔；为五星红旗拼搏奋斗的青春，更加熠熠发光。

有一种力量可以凝聚人心

“中国梦”——凝聚人心的力量

述：在每个人、每个民族的心灵深处都有一簇火苗。那火苗就是梦想，它可以点燃心灯，燃起生活的希望；它可以燃醒世人，激起民族斗志；它可以成燎原之势，凝聚民族的力量。而如今的中华大地上，“中国梦”就如这火苗，点燃了民族复兴的希望之火，成为凝聚起中华儿女团结奋斗的磅礴力量。

评：有位名人说过：中国是一头睡狮，一旦苏醒，整个世界都会为之震动。如今，这头睡狮不但早已醒来，而且正沿着“中国梦”的征程，逐步昂首于世界民族之林。“中国梦”的意义，就是实现中华民族伟大复兴，让每个中国人过上幸福生活，让每个中国人的梦想之花完美绽放。中华儿女的个人梦想与“中国梦”紧密相连，“中国梦”牢牢凝聚着每一个中华儿女的心！

梁启超有言：少年智则国智，少年强则国强。我们应该把个人的梦想融入伟大的“中国梦”，胸怀理想，满怀激情，用“青年梦”托起“中国梦”，用梦想照亮国家、民族和自己的未来！

时刻谨记：天下兴亡，匹夫有责；强国之路，重任在肩！

时代需要责任

承担时代责任　书写青春华章

述：梁启超在《少年中国说》中写道："少年智则国智，少年富则国富，少年强则国强，少年独立则国独立，少年自由则国自由，少年进步则国进步。"青年者，国之魂也。时间之河川流不息，每一代青年总有自己的时代际遇和机缘，都要在自己所处的时代条件下谋划人生、创造历史。

评：青年在不同的历史时期肩负着不同主题的时代重任，但国家富强、民族复兴、人民幸福却是亘古不变的主旋律和最强音，是与之相随、从未远离的历史责任。"雄关漫道真如铁"的革命年代，青年们在血雨腥风里浴血奋战；"人间正道是沧桑"的建设年代，青年们在贫瘠土地上艰苦创业；"长风破浪会有时"的改革初期，青年们应和《春天的故事》的旋律慷慨而歌。

而今，中华儿女在"中国梦"的道路上铿锵向前，在实现中华民族伟大复兴的历史进程中，作为青年一代的我们必将大有可为，也必将大有作为，绘就无憾的青春华章！这是"长江后浪推前浪"的历史规律，也是"一代更比一代强"的青春责任。

公共场所吸烟屡禁不止

公共场所禁烟应多管齐下

述：5 月 31 日是世界无烟日。2011 年起，我国就已开始实行"全面禁烟令"，在所有室内公共场所、工作场所、公共交通工具和其他室外工作场所完全禁止吸烟。但是，一些吸烟者依然我行我素，对禁烟令置若罔闻，公共场所禁烟任务仍然任重道远。

评：在室内公共场所吸烟，不管是无心之过，还是烟瘾缠身，都是一种违规行为；而且，如果每个人都以为小恶无害，都管不住自己的嘴，那么公共环境就会一天天坏下去。

当前，有效控烟不仅考验着吸烟者，也考验着管理和执法部门。一方面，烟民应充分认识到吸烟对自身、对他人、对环境的危害，主动约束自己的行为；另一方面，执法部门应切实履职，及时对违反禁烟制度者予以规劝、处罚。与此同时，广大市民应踊跃加入禁烟队伍，承担起对公共场合吸烟行为进行规劝甚至举报的责任。这种担当与责任，既是对公众健康、公共利益负责，也是社会文明与进步的体现。

·知识类·

知识成就梦想

努力学习　成就梦想

述：与大家分享一则复旦大学文学博士魏宏远的故事。魏宏远1975年出生于内蒙古一个贫穷的小村庄，自幼因营养不良双腿畸形，身高不足1.5米，多次被学校拒之门外，曾上街摆地摊、卖烧饼、修家电……但他自强不息，艰辛求学，最终成为复旦大学文学博士，并收获了自己的完美人生。在博士生入学面试时，导师问他为何考博，魏宏远回答："知识使我改变命运，知识使我获得尊严，知识也给我带来无限的快乐。"魏宏远的故事告诉我们：知识成就梦想。

评：古今中外，无数仁人志士的成功事迹都在向我们阐述同样的道理。是知识，让出身贫寒的高尔基成为一代文学巨人，流芳百世；是知识，让轮椅上的霍金研究出黑洞理论，震惊世界。我们应清醒地看到，成功从来不垂青于懒惰的人，知识的积累是长期的，是枯燥的，唯有凭借毅力与耐力，通过刻苦学习，点滴积累，才能不断收获。

梁启超先生说过："少年智则中国智，少年强则中国强。"身为学生的我们，理当自信自律、勤学善思、刻苦钻研，增强知识储备。终有一天，我们将用知识成就我们的梦想，用勤奋和博学创造人生乃至整个中国的新辉煌！

书——知识的来源

喜爱阅读　厚重人生

述：法国著名作家雨果曾说："书籍是改造灵魂的工具，人类所需要的，是富有启发性的养料。而阅读，则正是这种养料。"阅读史书使我明智，演算数学让我缜密，研究哲理使我深刻，阅读推理书籍助我思辨。总之，书，是我知识的来源。

评：书就是一个个神奇的宝藏，打开来，里面既有天文地理、自然百态，又有民俗风情、纷繁人生。读一本好书，犹如和一位道德高尚的人交流。读《三国演义》让我领略到诸葛亮舌战群儒的智慧风采；读《钢铁是怎样炼成的》，让我领悟到人生的真谛和生命的意义；读《福尔摩斯探案集》，让我惊艳于其侦破离奇案件的智慧与勇敢；读《老人与海》，让我对那位不屈于风暴、勇于抗争的老人肃然起敬……

读书不难，但贵在坚持，三天打鱼两天晒网难以成功，持之以恒方见成效。读书要熟读、精思、笃行，"知行合一"才不会成书呆子，才会成为有智慧的读书人。我们青少年，读书正当时，理当自勉自律、勤学善思、刻苦钻研，从浩瀚的书海中获取知识，增长智慧，充实自我，厚重人生！

谈谈你最喜爱的书

《福尔摩斯探案集》

述：我喜爱阅读，尤爱推理小说，其中最喜爱的一套书是《福尔摩斯探案集》。这套书是全世界最负盛名的侦探悬疑小说家、被誉为"侦探小说之父”的柯南·道尔所著，历时100多年，至今仍为全世界最畅销的侦探小说。

评：这套书主要有几个方面让我情有独钟：一是其经典的推理和扣人心弦的破案过程，精彩绝伦；二是对人物性格特点刻画细致，丝丝入扣；三是情节出人意料却又在情理之中，贴近读者；四是两位主人公——福尔摩斯和华生友情深厚、配合默契，弥足珍贵……事实上，《福尔摩斯探案集》吸引我的还不止这些，它的魅力只有在阅读时才能了解与感受。

阅读《福尔摩斯探案集》，帮助我养成了注重观察、挖掘细节的好习惯。书中主人公——福尔摩斯丰富的科学知识、严密的逻辑推理、细致的调查钻研值得我一生学习。

谈谈你最喜欢的一句格言

细节决定成败　平凡成就伟业

述：“把每一件简单的事做好就是不简单，把每一件平凡的事做好就是不平凡”，海尔集团创始人张瑞敏所说的这句话，就是我最喜欢的格言。

评：海尔公司砸冰箱的故事广为人知。为保证产品合格率，海尔公司下了一条死命令，如在出厂检验中发现哪台冰箱不合格，责令该冰箱不合格环节的生产工人亲手抡锤。这条制度刚下来时，很多人不理解也不明白，尤其是当第一批不合格冰箱被当众砸了个稀烂，很多员工还抱怨，认为即使让员工以低价回购的方式消化也比砸烂划算。但张瑞敏坚持了海尔对完美的苛求，当那些不合格的冰箱被当众砸毁之时，注重细节、追求品质的文化就像烙印般牢牢打在了每个海尔员工心中。海尔为自己的“完美”付出了代价，但换回的是今天畅销世界几十个国家，屹立全球500强中的世界级品牌。

老子曾有哲语：“治大国若烹小鲜”，意为做大事业必须注重细微、做好小事。我们坚信“把每一件简单的事做好就是不简单，把每一件平凡的事做好就是不平凡”的理念，无论在当前的学习，还是在今后的工作中，都将脚踏实地，坚实走好人生每一步。选择平凡，但拒绝平庸；甘于平凡，但追求自身价值的体现。我们将用自己的智慧、勤奋与坚韧，演绎出自尊、自立、自强的精彩人生！

知识就是力量

学习知识　增强能力

述：在知识爆炸的当今世界，国与国之间的竞争是科技的竞争，人与人之间的竞争是能力的竞争，归根到底都是知识的竞争。

评：古往今来，无数名人志士的成功事迹都在向我们阐述这一道理。三国时期，诸葛亮羽扇纶巾，决胜千里之外的能力来自知识；一代伟人毛泽东，博览群书，海纳百川，带领中国人民谱写了中华民族新篇章。而知识的积累是长期的、枯燥的，是需要毅力与耐力的，唯有通过学习积累，才能收获知识，充实自己。

梁启超先生说过：“少年智则中国智，少年强则中国强。”身为学生的我们，理当自信自律、勤学善思、刻苦钻研，不断增强知识储备。终有一天，我们将用知识成就我们的梦想，用勤奋和博学创造人生乃至整个中国的新辉煌！

生命有限，知识无限

求索之路与人生旅程同行

述：古语有曰：“吾生也有涯，而知也无涯。”意为人的生命是有限的，而知识是无限的，所以要有时不我待的紧迫感，抓紧时间努力学习，尽可能多地摄取知识。

评：孙敬头悬梁，苏秦锥刺股，车胤囊萤夜读，匡衡凿壁偷光，无一不向人们宣示了抓紧时间努力学习的道理。知识，是人生丰厚无比的储蓄。这储蓄，是发现未来的钥匙，是追求真理的阶梯，是参与竞争的实力。

作为青年学生的我们，求学正当时，理当自勉自律、勤学善思、刻苦钻研，从浩瀚的知识中汲取养分，增长智慧，充实自我，厚重人生！

学海无涯，时不我待。求索之路与人生旅程同行！

谈谈你喜欢的音乐

喜欢引起共鸣的音乐

述：曾有一位哲人说：在我们身边，什么都会背叛，可是音乐不会，哪怕全世界所有的人都背过身去，音乐依然会和我窃窃私语。音乐不分国界、种族、贫富、尊卑，任何物种都可享受。

评：每个人的文化修养、个性与经历各不相同，因此对音乐的感悟是不一样的。就我个人而言，我喜欢多种类型的音乐，但凡能引起我情感共鸣的音乐我都喜欢去聆听：听《义勇军进行曲》激励我澎湃的爱国情感，听《曹操》带我回望三国时期英雄争霸的历史故事，听《平凡之路》触动我的心弦，让我感动于青葱岁月的奋斗……

音乐是一种独特的传播方式，它可以把人的喜怒哀乐集于一身，使人在情感上与之产生共鸣。对音乐的欣赏或追求，能使人的精神得到升华，情操受到陶冶，生活也变得丰富而充实起来。朋友们，生活因为音乐而更生动。用心去聆听音乐，你会发现，这个世界真的很美好。

谈谈你对“经典”的看法

雅言传承文明　经典浸润人生

述：经典，其中的“经”指的是四书五经中的经，而“典”则是春秋战国以前的公文体制。现多指具有典范性、权威性、经久不衰的万世之作。

评：我们青少年一代，接触最多的经典就是中华传统文化。是“谁知盘中餐，粒粒皆辛苦”（《悯农》）让我们懂得要珍惜别人的劳动成果；是《孔融让梨》的故事让我们懂得给永远比拿更快乐；是《西游记》中师徒四人经九九八十一难才成功，让我们懂得只要坚持，万事能成。而从牙牙学语时诵读的《三字经》《弟子规》，到小学时期背诵的《论语》《道德经》，再到中学时期学习的《诗经》《古文观止》，这些中华传统文化经典，更对我们道德规范的构建和人格素养的提升起到了积极的作用。而当我们翻开那些历史人物经典故事，我们又仿佛看到了：唐伯虎一表人才，文质彬彬；貂蝉窈窕淑女，君子好逑；赵子龙单骑救主，神勇威武；诸葛亮羽扇纶巾，谈笑风生。经典给予我们的乐趣不言而喻。

中国几千年的传统文化博大精深。让我们继续与经典同行，与圣贤为伍，积极继承和发扬中华民族传统文化，用雅言传承文明，让经典浸润人生。

·专业类·

你所理解的播音与主持艺术专业

传播新闻　引导舆论　传递正能量

述：播音与主持艺术专业的设立目标是培养具备广播电视新闻传播、语言文学、播音学以及艺术、美学等多学科知识与能力，能在广播电台、电视台及其他单位从事广播电视播音与节目主持工作的复合型应用语言学高级专门人才。

评：当前，广播电台、电视台依旧是我国新闻媒体的主流，作为媒体的直接代言人，播音员和主持人的职责是面向公众传播新闻与引导舆论，积极传递正能量，为全社会坚持正确的舆论导向起到积极作用。那么，播音与主持艺术专业在教育过程中，就应该理论与实践并重，能力与品格齐抓，为社会输送合格的播音员和主持人，使其具备充分的专业技能、职业素养、文化素质和人格魅力，并且有强烈的政治敏锐性和社会责任感。

因为从小对电视综艺节目有浓厚的兴趣，我一直梦想成为一名节目主持人。但我深知，要成为一名优秀的播音员和节目主持人，仅有热爱还远远不够，我将认准目标、脚踏实地、刻苦努力，朝着我的梦想砥砺前行。

如何看待主持人明星化？

主持人明星化是可取的

述：明星，指在某个领域内有一定影响力的人物，泛指有名的演员、歌手、运动员等。在当今激烈的媒介竞争中，主持人的“明星价值”通过不断开发和利用，逐渐成为一种普遍趋势和媒介经营理念。

评：我认为，在传媒产品日益发展的今天，主持人明星化是不可避免的，也是可取的。

明星主持人表现出色，既有深厚的专业功底，又有自己独特的主持风格，为观众所认可和喜爱，是收视率的保证，往往有着超越一般节目主持人的影响力。比如，白岩松、水均益、董卿、杨澜等，他们可以说是各自电视节目的代言人。“明星化”的主持人，塑造的是一种品牌、一种威信，这种价值体现，是值得所有主持人学习、追求的。

如果我将来有机会做一名主持人，我将以这些明星主持人作为学习的榜样，以自己的专业素养与人格魅力征服观众。

你如何看待主持人回高校任职

实践经验与理论知识的结合

述：当前，一些主持人转换身份，成为高校教师。那么，我们应该如何看待主持人到高校任职呢？

评：主持人回高校任职，是实践经验与理论知识的有机结合。

从主持人层面看：离职的主持人一般实践经验丰富，既然选择了到高校任职，就应该尽到一名教师的本分，将自己宝贵的实践经验传授给学生；并在高校的支持配合下，不断提高自身理论水平，从而丰富教学内容和加强理论知识的实用性。

从高校层面看：如果以教师岗位引入这些名人，则不应该把重心偏向于市场炒作，应更多地考虑如何鼓励名人将实践经验和理论知识相结合，安排理论知识丰富和实践经验丰富的教师一起讲学，营造良好的学术氛围。

从学生层面看：作为主持人到高校任职的最终受众，学生不要盲目追星，应将学到的理论知识与主持人们的实践经验结合起来，让自己的专业学习更全面、更充实。只有这样，高校学生才能真正成为主持人回高校任职的真正受益者。

请就央视广告口号“品牌的力量”谈谈看法

品牌具有不朽的价值

述：品牌是通过对理念、行为、视觉、听觉四方面进行标准化、规则化，使之具备特有性、价值性、长期性、认知性的一种识别系统的总称。

品牌并不是现代才有的。古时候市场上交易的牲畜一般烙有记号，这记号实际上就是品牌。产品大规模制造与销售时代到来的 19 世纪，是商业品牌探索和实践的一个加速进行的时期。

评：品牌形象和产品本身一样重要。在经济全球化和电子商务飞速发展的今天，客户在选择商品或服务时，往往无法触摸到具体的产品，此时，客户永远会选择自己认为最靠谱的品牌，因为一个品牌的信誉成本是巨大的，所以选择好品牌的风险最低。正因为品牌具有这样的力量，所以塑造品牌具有重要的战略价值。

塑造优秀品牌必须把握好两个因素。第一，有过硬的产品质量。产品质量是品牌的基础，那些全球化的品牌，比如微软、苹果，它们的品牌就意味着卓越，即产品本身在同行业中具有优等的质量和可靠性。第二，有良好的品牌策划。不简单地把品牌看作是给产品取一个响亮的名字，设计一个耀眼的标志或者打造一条脍炙人口的广告语，更多的是要以贴近顾客、满足顾客需求喜好为基础，将产品品质与定位准确清晰地传达给顾客。

总之，品牌与产品本身是一种依存、互补的关系，产品是品牌的载体，品牌像棱镜一样折射产品形象。正因为如此，品牌才能成为无形资产，看不见，摸不着，却具有不朽的价值。

请评析一档电视娱乐节目

《奔跑吧兄弟》

述：《奔跑吧兄弟》是一档大型户外竞技类真人秀节目，自 2014 年播出以来，无论是节目收视率还是市场影响力，都取得了极大的成功。

评：第一，从节目标题看，“奔跑”体现了青春和激情，“兄弟”代表着情感和温暖，凸显出节目在设计和编排上的青春和奋斗主题。

第二，从节目内容看，“兄弟”们通过彼此的团结协作、互帮互助、信任理解，最终实现目标、完成梦想。

第三，从节目形式看，通过预设障碍和提升目标，在形式上增加了节目的趣味性，同时也暗合了人生中要完成目标就必须付出种种努力的现实，在某种意义上其实是对青春、人生的一种励志和引导，引起了观众的心灵共鸣。

第四，从明星效应看，《奔跑吧兄弟》有大量青春偶像明星加盟，明星效应巨大。但节目并没有完全以展示明星魅力的形式进行表达，相反，节目中更多展现的是明星们真实普通的一面，每位艺人都充满了娱乐精神，增添了节目的趣味性和生活气息。

总之，《奔跑吧兄弟》能在心灵深处激发观众对生活的热爱，其表现出的这种社会正能量正是电视节目存在之根本，也是赢得众多观众认可与喜爱的重要原因。

你怎么看待广播电视节目中的方言节目

本着“少而精”原则适当发展

述：近年来，部分地方电视台相继推出方言节目，有的节目中主持人用方言播报当地的民生新闻，连比画带调侃，亦庄亦谐，受到观众好评。方言节目的高收视率使得这类节目如雨后春笋般发展壮大，这样的现象值不值得鼓励呢？

评：方言的亲近感使得这类节目受到当地观众的喜爱非常正常，但对于非当地人而言，难以引起共鸣。方言节目大大限制了受众的范围，不利于广播电视等媒体传播效果的最大化。因此，地方电视台应坚持以普通话节目为主导，对方言节目可以本着“少而精”的原则制作播放。

方言节目受追捧与其接近生活、贴近观众有关。普通话节目要取方言节目之长，弥补己短，使得内容生动、方式灵活，提升广大观众对普通话节目的认可度和喜爱度。

谈谈你最欣赏的电视广告

一则成功的广告在于打动人心、唤起共鸣

述：所谓广告，是为了某种特定的需要，通过一定形式的媒体，公开而广泛地向公众传递信息的宣传手段。电视广告则是以电视为宣传工具，加强信息表达，加强信息传播效果，加深受众的记忆。电视广告千千万万，一直伴随我的成长，但令我印象最深的是很多年前的一则南方黑芝麻糊的广告：

（黄昏，挑担的母女走进幽深的陋巷，油灯悬在担子上，晃晃悠悠。小男孩跑出深宅，吸着飘出的香气。伴着木屐声、叫卖声和童谣似的音乐，画外音："小时候，一听见芝麻糊的叫卖声，我就再也坐不住了。"

小男孩搓着小手，神情迫不及待，看着大锅里那浓稠的芝麻糊。卖芝麻糊的女人将大铜勺提得老高，往碗里倒入芝麻糊。小男孩埋头猛吃，碗几乎盖住了脸。碾芝麻糊的小女孩站在母亲身后，好奇地看着他。小男孩大模大样地将碗舔得干干净净，小女孩捂嘴偷笑。卖芝麻糊的母亲爱怜地又给他添了一勺，轻轻地抹去他脸上的残糊。小男孩抬起头，露出羞涩的笑容。画外音："一股浓香，一缕温暖。"

古朴的街景，旧日的穿着，熟悉的叫卖声，共同构成了一幅立体的画面。）

评：南方黑芝麻糊这则广告主题鲜明、朴实温馨。广告中，画面与音效相衬，童真与母爱互动，为南方黑芝麻糊营造出浓浓的温情氛围，深深打动观众，特别是女人为小男孩添第二碗糊的场景更是广告的升华，使商品与情谊交融，喻示从商品经营上升到爱的给予。而广告词"一股浓香，一缕温暖"简洁质朴，为整个广告画龙点睛。

这则广告，用几许乡情、几许回忆触碰了我心中最温暖的部分，让我脑中浮现出儿时记忆以及父母对我的爱。直到今天，看到这则广告或听到"一股浓香，一缕温暖"这句广告词，便有一股暖流涌上心头。

让我最感动的一部电影

成功青睐乐观、不屈的人

述：从小到大，看过的电影不下百部，其中一部美国电影《当幸福来敲门》让我最为感动。一个推销员，因为生意失败导致生活落魄、妻子离开、无处可归……虽然幸福从未找上门过，但为了让自己和儿子能过上好些的生活，他一刻也没停止过对幸福的追求，在困境中他坚定信念、永不放弃，终于在幸福来临的时候牢牢抓住了属于自己的幸福。这部电影让我体会到了人世的一些冷漠、无奈和不易，更看到了主人公的乐观、坚强、自信和永不放弃，生活的窘迫并没有压倒他，恰恰相反，苦难的经历让他变得更加自立、自信、自强。

评：人生道路会有许多艰难曲折，当前仍是学生的我们对人生还缺少较深的体会，但终有一天我们将走出校园踏入社会。通过这部电影，我明白了一个道理：人生的幸福要靠自己去争取。面对曲折多变的人生道路，首先，应当保持积极乐观的人生态度，把逆境坎坷当作人生的磨砺，不要磨灭对美好生活的向往，正如大家熟悉的一句话“上帝是公平的，他为你关上了一扇门，同时会为你打开一扇窗”；其次，每个人都有自己的梦想，要认真审视社会形势和自身实力，从离自己最近的目标做起，坚持理想，不言放弃，凭借自己的智慧、勤奋与坚韧，一步一步脚踏实地迈向成功。

谈谈你的职业理想

做一名优秀的节目主持人

述：因为从小对电视综艺节目的热爱，我一直梦想能成为一名节目主持人。小时候，我常常为电视节目中那些反应机敏、口齿伶俐的主持人着迷，他们磁性的嗓音、睿智的语言、敏捷的思维、自信的表现无一不吸引着我，让年少的我对主持人这份职业充满向往。但我深知，要成为一名优秀的节目主持人，仅有热爱和向往远远不够。

评：电视节目主持人，需要凭借自身的素质与修养来提高节目在观众心目中的地位，充分的专业素养、人格素养、文化素养和职业素养以及强烈的政治敏锐性和社会责任感等都是必需的。在荧屏上耀眼的光彩背后，是他们“台下十年功”的磨砺，是他们丰富的知识积累和深厚的文化底蕴。

机会总是垂青于有准备的人。一直以来，我为成为一名主持人积极准备着。学习时，我认真练习普通话发音，训练思辨能力与口语表达能力；生活中，我注重培养自己的观察力和对新闻的敏感度；与人交流时，我沉着自信，踊跃发表自己的看法和观点。我深知，未来播音与主持艺术之路将不乏艰辛坎坷，但我不会轻言放弃，一定会坚持梦想，砥砺前行。

谈谈你对电视真人秀节目火爆现象的看法

应丰富节目内涵　积极传递正能量

述：电视真人秀节目是指普通人或明星在节目制作方所设置的特定情境中，遵循一定规则进行某项竞赛，整个比赛过程被电视记录下来并最终以节目形式编辑播出的电视节目。近年来，真人秀节目火爆电视荧屏，从老牌的《快乐大本营》到新生代的《爸爸去哪儿》，从美女如云的《花样姐姐》到帅哥齐聚的《奔跑吧兄弟》，无一不赢得众多观众追捧。

评：电视真人秀节目之所以火爆，其主要原因我认为有三方面。一是有大量青春偶像明星加盟，明星效应巨大。二是节目并没有完全以展示明星魅力的形式进行，展现的更多是这些明星真实普通的一面，每位明星都充满了娱乐精神，增添了节目的趣味性，拉近了与观众的距离。三是很多节目在设计和编排过程中所凸显出的青春和奋斗主题，在某种意义上其实是对青春、人生的一种励志和引导，激发了观众对生活的热爱。

但是不得不说，现阶段的电视真人秀节目绝大多数是纯娱乐性的游戏节目，公益类、读书类、创业类节目较少；有些电视真人秀节目过分渲染明星的豪华生活，用镜头放大他们优越的生活条件，容易误导一些涉世未深的青少年盲目追星。

因此我认为，相关部门应引导各电视制作部门，进一步丰富电视真人秀节目内容，主动在节目中融入社会主义核心价值观，增加公益类、读书类、创业类等主题，深化节目思想内涵，更好地行使电视媒体弘扬真善美、传递正能量的使命。

·哲学类·

谈谈“圆”与“方”

方乃做人之本　圆乃处事之道

述：方，指品行端正，就是做人要有正气，具备优秀的品质；圆，指使之周全，就是为人处世要周全、完备。方与圆的关系，其实就是为人处世之道。

评：古训说得好，做人要“外圆内方”，即内要方正，外要圆通。既有鲜明的棱角，又有处世的技巧。只有把握好这其中的平衡点，才算真正把握了自己的人生。试想，一个人如果过分死板，就像生铁一样，一拗就容易断；但一个人八面玲珑，圆滑透顶，久而久之谁还愿意与这种人打交道呢？在人的品质培养、交际技巧等方面，如果能够恰当地把握“方”与“圆”的度，既具备自尊、自立的品格，又保持豁达、乐观的态度，人生才能更快乐，事业才能更成功。“外圆内方”也适用于一个国家的外交政策，既要坚守外交底线，维护民族尊严，又要秉承开放包容的理念与世界各国和平共处、和谐共生。

“外圆内方”为做人之本，首先是做一个有尊严的人，坚持理想，坚持正能量，做到自尊、自重、自立、自强；同时也要做一个豁达包容的人，与人相处中习惯换位思考，学会尊重、体谅与赞美，以热忱、友善、积极、乐观的态度善待他人。

谈谈“宽”与“窄”

正确认识人生　直面坎坷失败

述：宽，指横的距离大，范围广；窄，与宽相对，指横的距离小。说到“宽”与“窄”，让我联想到一个人的人生之路。

评：生活中充满辩证法。当你选择人生之路时，有时看上去很宽的路，走了一段之后却发现并不是阳光大道；有时看上去是一条窄路，走起来比较艰难，但下决心走了之后，却越走越顺。

高二时，因为从小对电视综艺节目有浓厚的兴趣，我开始了对播音主持知识的学习，误认为参加艺考是通过高考的一条坦途。一年来的艺考准备过程中，文化、专业课学习的双重压力让我忙碌紧张，而千军万马过独木桥的惨烈竞争更让我“压力山大”，也曾彷徨，也曾退缩，但心中的热爱让我选择了坚持。一年来的艰辛付出，我得到了素质的提升、观念的蜕变，即使未来求学之路仍有失败坎坷，我也不会轻言放弃，一定会坚持梦想，砥砺前行。

是的，人生路漫漫，每个人都希望人生之路是一片宽阔的坦途，但现实却很难尽如人意。遇到失败和挫折，就相当于在窄路上行进，坚持走下去，你会发现路越来越宽，风景越来越美。

谈谈“进”与“退”

人生若逆旅　进退为根本

述：进，向前，不甘落后之意；退，退却，平和不争之意。进与退包含着为人处世的大智慧。

评："人生如逆水行舟，不进则退。"人生是一个奋斗的过程，一直乘风破浪，勇往直前，才能取得成功。客观地说，任何人对成功的渴望都是强烈的，但人生之路不可能一帆风顺，只知进不知退，则会危机四伏。当遭遇瓶颈，须知"退一步海阔天空""以退为进"的道理。勾践对吴王的隐忍，谱写了反戈一击的帝王伟业；蔺相如对廉颇的退让，迎来了将相和的美谈。因此，适当的退后是为了更大的进步。

人生若逆旅，进退为根本。一个人若能在纷繁的环境中，自如地驾驭进与退，就能看到人生中最美好的风景。现在还是学生的我们，对进与退的理解和感受还不够深刻，但我们将把进与退的道理运用到今后的学习和工作中，既保持拼搏奋斗之精神，又保持淡泊宁静之心境，进可攻，退可守，人生便会充实而不虚华。

谈谈"计划"与"变化"

未雨绸缪　见微知著

述：计划，指未来一定时期内要达到的目标及实现的方案、途径；变化，指一事物被另外的事物取代。

评：有句调侃的话这样说："计划没有变化快，变化没有电话快。"

是的，事物总在不断发展变化中，计划必须随着形势变化而合理改变。

处理好计划与变化的关系，就是既要未雨绸缪，又要见微知著。制订计划时应注重未雨绸缪，对可能发生的事情做到预测在前、预先准备；在计划实施过程中，也要见微知著，关注事物的发展变化，做好预判和计划调整。

我们应该把"未雨绸缪，见微知著"的道理运用到自己的学习中，既制订好中长期的学习计划，同时根据日常学习状态和效果，对学习计划进行调整优化，以完成最初的计划目标，取得最佳的学习效果。

谈谈“得”与“失”

得之淡然　失之坦然

述：得，得到；失，失去。

人生的旅程一直在前进，在欢乐与悲伤中徘徊，在成功与失败中掠过，在得到与失去中穿梭。

评：失去就一定是苦难吗？没有人可以下这个结论。得与失是并存的，是相对的，是互相转化的。失去不是失败，失去意味着有了新的机会和选择，或许恰恰是成功的开始。陶渊明仕途不顺，失去荣华富贵却成就了他精深的文学造诣；霍金患运动神经细胞萎缩症丧失生活能力，但他因此抛开杂念绽放智慧而成绩斐然。

“塞翁失马，焉知非福”“失之东隅，收之桑榆”的典故告诉我们，人生有得必有失，有失必有得。得之淡然，失之坦然，争其必然，顺其自然。不要为一时失意而心灰意冷，要以积极的心态去看待得失成败。

谈谈“肯定”与“否定”

学会自我肯定与否定

述：肯定，指对事物持认可的或赞成的态度；否定是与肯定截然相反的概念。

唯物主义在论述肯定与否定的关系时说：肯定和否定不仅相互对立、相互排斥，同时也相互依赖、相互渗透。

评：对于自身，我们既要肯定也要否定。

肯定自己，是一个人自尊、自爱、自强的表现，只有肯定自己，才会有自强不息、百折不挠的精神，才能在苦乐掺杂的人生百态中体味、觉悟出生命的真谛。

而对自己的最佳肯定就是对自己的不断否定，通过否定自我来鞭策自己，不被思维惯性禁锢头脑，在生活中常主动反思内省，剖析自己，完善自己，提升自己，超越自己。

要正确面对别人对自己的肯定与否定，同时学会自我的肯定与否定。在自尊、自爱、自强中历练提升，以不竭的动力，让自己的人生之旅成为不断进步的过程、不断成长的过程、不断分享的过程、不断产生价值的过程！

谈谈“个性”与“共性”

具备基本素质　发展个性特长

述：唯物辩证法认为，共性即普遍性，个性即特殊性，两者密切联系，不可分割，是辩证统一的关系。一方面，共性寓于个性之中；另一方面，个性也离不开共性。

评：任何时候、任何地方、任何方面的发展，都存在共性与个性的关系。任何时候、任何地方、任何方面的发展，都要处理好共性与个性的关系。

比如，中小学教育作为培养全民科学文化素质的基础教育，既要遵循学生心理和生理发展的共同规律，着力培养学生适应社会需要的基本能力和素质，又要营造丰富多彩的教育环境，充分激发学生的内在潜能，呵护、培养学生的个性与特长。

就我个人而言，也要处理好全面发展与个性特长发展的关系。既要认真学习学校课堂教育传授的知识，又要努力钻研自己所喜爱的播音主持专业技能。让德、智、体、美的全面发展作为个性特长发展的基础，同时通过播音主持专业学习增进个性特长，成为一名合格、优秀、全面发展的学生。

谈谈“名”与“实”

拒绝名不副实　但求实至名归

述：名，功名、名利；实，实际、实情。

评：臧克家曾有言，“有的人，把名字刻入石头，想不朽”，换来的却是后世的唾骂；“有的人，俯下身子给人民当牛马”，后世将他永记在心里。

南宋秦桧，迫害贤良，追名逐利，百年之后化为一抔黄土，一切名利皆化为虚无。孔子一生奔波而无当世显功，但其主张勇毅慎独、仁义礼智、温良恭俭的儒学成为中华民族瑰宝，儒学尽管当世受阻，却因其无匹的实力光耀千秋。“人民的好公仆”焦裕禄、孔繁森不为名利，真抓实干，脚踏实地，被人民永远传唱。

“山不在高，有仙则名；水不在深，有龙则灵。”刘禹锡的《陋室铭》就是对名与实关系的最佳阐释，名如虚设，有实才真。作为青少年，我们应该刻苦认真，发奋进取，不断增加知识与能力储备，努力增强自身实力。在未来人生中，不追名逐利，不炫耀荣光，不做那有名无实之人，而是时时处处用实力说话。只有实至，才会名归。

谈谈“新”与“旧”

继承　扬弃　创新

述：新旧之间，并非矛盾对立。新旧相融，相互辉映，才能焕发出真正的美好。

评：旧是新的基础。新为高阁，旧则为地基，若无支持，新生之物不过是空中楼阁。历史证明，为求“新”而完全否定“旧”的做法，是不可取的。

新是对旧的扬弃和补充。拒绝新生事物，一味抱残守缺、故步自封亦是一种可怕的偏颇。清末，西方工业文明的发展早已日新月异，而封建统治者依旧抱着“不借外夷货物以通有无”的思想，最终化成清朝灭亡时的一把辛酸泪。

新生之物是对旧物的继承和发展；旧要在新的发展传承变化中才能恒久地保持活力。新与旧的关系便是如此，并非对立，而是缺一不可，只有认真地把握与处理，才能相得益彰，才能焕发出真正恒久的美好！

谈谈“大”与“小”

把大看小　把小看大

述：大与小因对立而存在，又因相互依存而统一，没有大的存在，就没有小的命名。

那么，在人生的长河中，怎样正确处理所遇到的大事与小事呢？

评：有时候要将大看小，有时候要将小看大。

遇到再大的挫折与困难，也要把它看成小挫折、小困难，在精神上战胜它。有些挫折与困难随着时间的推移，会逐渐解决，在当时看是很大的事，经过时间的冲刷，多年后回头看，根本就不算什么事。

在日常的学习、工作与生活中，再小的事情，也要当成大事。“积小善而成大德”“积跬步而至千里”“滴水穿石”“蚁穴溃堤”等典故、成语无一不在说明一个道理：细节决定成败，只有认真做好每一件小事，才能承担大的责任，干好大的事业。

这就是我们对人生长河中如何处理大事与小事的思考，将此运用于自己的学习与生活中：既要认真对待每一件小事，脚踏实地，一步一步走向成功，又要看轻失败与挫折，积极面对，勇敢攀登人生的高峰。

谈谈“外”与“内”

入乎其内　出乎其外

述：外，即外在、外表；内，即内在、本质。

评：我们认识事物总是从外表入手，但外表并不代表内在。有人外表美丽，内心却很污浊；有人肢体残缺，却有金子般的心灵。有些艺人外表美丽，但偷税漏税、好逸恶劳。与其相反，高位瘫痪的张海迪，凭借与病魔顽强抗争的毅力，在病床和轮椅上依然抒写着自己璀璨的人生，成为世人景仰的楷模。

“入乎其内，出乎其外”是我们认识事物、认识世界的最好方法。品味人生，认识世界，要善于透过表面看内在。一朵美丽的花，必定有健康的内部结构；一个自信的人，一定是面带微笑、昂首挺胸；一个团结强大的民族，一定凝聚着无数善良、友爱、勤劳的人民。所以当一个人站在你面前，无须过分在意他/她是否有精致的五官、高挑的身材，请你去观察他/她的眼神、表情、行为动作以及精神面貌吧！这样有利于你认清眼前到底是真正值得欣赏的美，还是金玉其外，败絮其中。

生命与信仰

生命因信仰而璀璨

述：这世上有两样东西是亘古不变的，一是我们头顶灿烂的星空，二是我们心中高贵的信仰。生命因信仰而丰满，生命因信仰而璀璨。

评：信仰是勇敢者一生一世的追求，是舍生取义者至死不渝的壮烈。屈原有信仰，社稷、苍生化作汨罗江边的千古绝唱；岳飞有信仰，“精忠报国”的信念深深刻进历史的肩膀；司马迁有信仰，将屈辱的泪水融进笔端，书写出“史家之绝唱，无韵之离骚”！

信仰是一代伟人挥动巨笔画下的宏伟画卷，也是普通人执着的追求、无私的奉献。周恩来为国操劳一生，难忘“为中华之崛起而读书”的壮志豪情；颠簸的政治列车中，邓小平三起三落，写就了民族昌盛的华章；植树老人马永顺，执着地将生命融入绿色，融入了大山深处……

在欲图实现中华民族伟大复兴的当下，更需要信仰为我们指路。让我们每个中国人都坚守“中国梦”的信仰，努力学习工作，扎实拼搏奉献，这样，我们的有限生命将会因信仰而更加丰满和璀璨。

理想与现实

正确面对理想与现实的落差

述：理想是人们对未来美好图景的规划和设想；现实是当前存在的客观实际，有许多不为人所控制的客观因素。

评：理想是人们将主观努力转化为实际行动，并演变成现实的前提。但理想并不等同于现实。

现实优于理想固然可喜，但如果现实与理想存在落差，我们也不必气馁。首先应理性分析差距形成的原因，采取适当方法及时弥补。如果理想太过高远，则需要及时调整计划；如果只是面临暂时的困难和瓶颈，则应把落差看作一种挑战，从容应对，厚积薄发。

我们青少年一代，更要处理好理想与现实的关系。我们相信，只要摆正自己的心态，树立科学的人生坐标，以实际行动挑战自我，那么理想一定会变为现实。

底线的必要性

人生在世，必须有自己坚守的底线

述：底线原本指足球、篮球、羽毛球等运动场地两端的界线。我们日常提及的“底线”是一个伦理学术语，指人无论出于何种原因、处于怎样的境遇都需要遵守的社会基本道德规范。

评：人生在世，必须有自己坚守的底线。

道德良心是最基础的一道底线。抱起血泊中的小悦悦，向周围人呼救的陈贤妹；哥哥遭遇车祸身亡，作为弟弟仍不忘把工资发给工人兄弟们的孙东林……他们依靠最基本的道德良心做出的选择彰显了人格的光辉，这光辉来自他们对做人底线的坚守。

民族道义是最崇高的一条底线。对于宁赴清流、投身汨罗江的屈原而言，不与世俗同流合污是他至死捍卫的心灵底线；对于不为五斗米折腰的陶渊明而言，保持自身操守是他的心灵底线；对于宁愿饿死也不领美国救济粮的朱自清而言，捍卫民族尊严是他心中至死不变的底线。因为有着这分坚守，他们才做到了“众人皆醉我独醒”，即使生命逝去，也为后人所敬仰。

相反，没有了底线，企业就会弄虚作假，学者就会指鹿为马，裁判就会大吹黑哨，官员就会贪赃枉法，警察就会严刑逼供，法官就会草菅人命……这种“恶的蔓延”，会侵蚀社会的道德良知，甚至颠覆社会的主流价值观。

中国人从来就有底线，做生意，明码实价，童叟无欺；做学问，言之有据，持之有故；做官，不夺民财，不伤无辜；做人，不卖朋友，不丧天良。正是靠着底线的坚守，中华民族虽历尽苦难，其文明却得以延续。只要每个公民、每个行业都坚守底线、为善去恶，我们的社会就能构筑起更为坚实的道德基础，焕发出更有底气的道德自信。

人生有顶点吗？

人生没有顶点　请不要为人生设限

述：我们时常规划自己的最高目标，学习的、事业的、生活的，貌似这些最高目标就是人生的顶点。事实上，这是局限的、片面的。

评：人在不同阶段会有不同的追求，目标也在不断调整，而不断增强的自信心正是努力奋斗的最好回馈。所以，要想塑造一个真正的自我，请打破内心固有的“心理高度”，坚持，努力，不断地超越自己。当你站在一个新的高度，看到的将是不同的世界，回首之际，你会发现途中花朵都在向你微笑。

诚然，追梦之路不可能一片坦途，要想不断超越自己，唯一的方法就是奋斗。追梦路上，我们有一条路不能拒绝，那就是成长的路；而有一条路请不要选择，那就是放弃的路。当遇到挫折时，请客观地认识自己，总结经验，改善调整，继续攀登前行。

我们应时常这样提醒自己：“人生没有顶点，它就像一座无限高的山峰。往上走，即便一小步，也有新高度。不断超越自己，做更好的自己，我能！”

公平是平均吗？

公平不等于平均

述：在法律上，公平是法所追求的基本价值之一，公即公共，指大家，平指平等，意为大家平等存在。平均，是没有轻重或多少之别的分摊。

所以，公平不等于平均。

评：就拿社会分配来说，按劳分配是绝大多数人都认可的一种分配方式，按个人能力和贡献大小来获取财富，这就是公平。而绝对的平均主义会造成效率低下，不符合生产力发展状况，不被大家接受和认可，反而被认为是不公平的。

再看学校教育，在同一个班级，老师对每个学生的教育都是公平的，但是，对接受较慢的同学会予以更多的讲解和辅导，所以这种教育是公平，但不是平均的。

生命的长度、高度与宽度

延伸生命的长度　提高生命的高度　拓展生命的宽度

述：生命的长度，是指人寿命的长短。人人都期望健康长寿，为此锻炼身体，健康饮食，医治病痛。但人的生命作为一种物质，存在的时间总是有限的。

生命的高度，是指人的文化学识，思想境界，道德情操，事业建树，对他人和社会的贡献，等等。那些深受人们敬重的英雄和模范，他们生命的高度令人敬仰，而那些贪官、犯罪分子，他们的人生高度就低得令人嗤之以鼻。

生命的宽度，是指人的自由和幸福。人的天性是追求自由和幸福的。能有效控制欲望，丢开各种烦恼，让自己的心情每天都阳光普照，那自由和幸福就会伴你同行，生活之路就会更为宽阔。

评：人生如白驹过隙，在几十年的生命历程中，绝大多数人很难做出惊天动地的事。但只要我们珍爱生命，提高素养，体现价值，努力去延伸生命的长度，提高生命的高度，拓展生命的宽度，那就无愧父母给我们的生命，无愧无悔于自己的人生。

谈谈内因与外因

内因比外因更重要

述：内因指事物运动变化的内部原因，即事物自身的矛盾性。外因指事物的外部原因，即一事物与其他事物的外部联系或外部矛盾。

评：事物的运动变化是内因和外因共同作用的结果。内因决定事物的性质，规定事物的发展；外因能加速和延缓事物的发展进程，局部地改变事物发展的性质。外因是变化的条件，内因是变化的根据，外因总是通过内因才能发挥作用。

就好比同一个班的同学，在大致相同的条件下受教育，有的同学在德、智、体等方面都进步很快，而有的进步比较慢。其关键在于内因不同，即每个人的智力基础、学习目的、学习方法、努力程度不同。

事实上，一个人的成长离不开社会、学校和家庭等大小环境的影响，但个人的成功与否，归根到底取决于自己的主观努力。作为学生的我们，如果成绩出现下降，不应该一味抱怨外部条件不好，怨天尤人，灰心丧气，而是应首先从自身找原因，找准症结，调整改善，努力让自己变得更加优秀。

“俗”与“雅”

大俗即大雅

述：不可否认，“雅”是一个赞美之词，与之相反的是“俗”。究竟什么是“雅”，什么是“俗”?

评：曾有相声段子这样描述：听交响乐高雅，听相声就低俗；听明星假唱高雅，看网络原创低俗；喝咖啡是雅，吃大蒜是俗；跳芭蕾舞是雅，跳广场舞是俗；小众的就是雅，大众的就是俗。我们身边不乏持以上观点的人，而我们也在一定程度上被这样的价值观影响着，努力地让自己变得“高雅”，不落入俗套。似乎搞艺术的不搞点别人看不懂的东西，就要被冠上“俗”的名号，这是否是艺术领域的一个怪圈?

事实上，大千世界是包容的，艺术也是包容的，雅的也好，俗的也罢，看得懂的看不懂的都是艺术的表现形式。所谓的“吃大蒜的怎能和喝咖啡的相比”，这种判断剥夺了大众的审美权利，是站不住脚的。审美没有阶级性！如果说读书、听交响乐就是雅，吃喝拉撒就是俗，那么雅的东西可以舍弃，俗的东西则是生命之本。单纯的高雅不足以构成世界，大众的喜怒哀乐才是真正纷繁的艺术。雅与俗之间应互相包容，只有包容才能够雅俗共赏，唯有宽容世界才能精彩。

什么是雅？大俗即大雅。

相信每一分微小的力量

微小的力量，创造了世界

述：为什么千里江堤毁于微小的蚁穴？那是小的力量！为什么坚硬的花岗岩不胜点水？那也是小的力量！为什么强盛的后唐毁于伶人？那是积于忽微的恶果！……由此可知，小也有作为，微也有威力。所以，请相信微小的力量。

评：伟大都是由微小的力量汇聚而来的。成功的人光鲜背后总有不为人知的辛苦。海伦·凯勒一个个单词地记忆，一天天地思考，造就了她的伟大；爱迪生千万遍地实验，才创造出一种光明。躬耕于野的布衣永远是轻微的，可就是这沙砾般的小小百姓埋葬了一个又一个荒淫无度的昏君；正是这水滴般无穷无尽的人民，湮没了一个又一个溃烂的王朝。

不积小流，无以成江海；不积跬步，无以至千里。我们的学习何尝不是如此？要注重看似微小的基础的积累，从小的模块到大的模块，从字词到句子，从句子到文章。在我们生活中，勿以恶小而为之，勿以善小而不为。

古人云："合抱之木，生于毫末；九层之台，起于累土；千里之行，始于足下。"微小的力量，创造了世界。

·生活类·

谈谈你对"韩流"的看法

吸收外来精髓　弘扬民族文化

述："韩流"就是韩国文化在其他国家和地区的影响力。从 20 世纪

90年代开始“韩流”就在中国出现，从电视剧到电影，从音乐到服装，从餐饮到美容，“韩流”十几年来持续保持热度，甚至让有的民众特别是青少年深陷其中，如痴如醉。我们应该持怎样的态度来对待“韩流”呢？

评：在经济文化全球化浪潮扑面而来的今天，任何国家和民族都不可能不受到外来文化的影响。面对外来文化输入，我们要抱着包容的态度，用辩证的眼光看待它，坚持适度的原则。

国家层面：首先，对外来文化择其善者而从之，对其先进的、正能量的部分积极吸收传播；其次，在吸收外来文化和保护本国文化上维持平衡，通过宏观政策防止外来文化产品过度倾销，杜绝泛滥；最后，对其消极的、负面的部分加强监管，严格抵制。与此同时，我们应当深刻认识到，文化影响力是一国的“软力量”，中华传统文化对弘扬民族魂、凝聚爱国心意义重大，应大力传承和发扬中华传统文化，并积极促进中华文化与世界各国文化之间的传播交流。

社会层面：文化机构、媒体、学校、家庭坚持正确导向，创造良好的社会文化环境，引导民众特别是青少年吸收外来文化的美好事物和正能量；采取多种形式做强做优中华文化产品，增强民众对中华文化的认同和喜爱，积极传播博大精深的五千年中华文化。

个人层面：我们作为学生，要积极学习、传承中华民族文化；对外来文化进一步增强鉴别能力，用高尚优秀的文化产品陶冶情操，自觉抵制不良文化产品的侵蚀。

谈谈你对“抄袭”的看法

注重诚信　杜绝抄袭

述：抄袭可能是最容易的事情。别人付出很多心血和时间完成的作品，通过抄袭很短的时间就可据为己有，而互联网上的佳作，通过复制粘贴在一分钟之内就成了自己的“成果”。

评：学生群体中的抄袭现象较为常见，有些同学在学习中投机取巧，或抄袭他人作业，或考试抄袭作弊，久而久之，老师失去了对他的信任，同学看轻了他的为人，而他自己也失去了进步的动力，甚至因为缺乏思考而失去了学习能力。在学术界、文艺界、制造业等各行各业，抄袭的现象也屡见不鲜，不仅侵犯了原创者的权益，也降低了抄袭者自身的创造力和竞争力。

全社会应通过道德约束及法律约束，遏止抄袭行为。对别人的作品，可以学习、摘录、转载，但严禁抄袭；对申请了专利的作品，可以购买使用，但严禁假冒侵权。

作为青少年学生的我们，更应勇于面对学习中的困难与挑战，杜绝一切抄袭行为，树立诚信意识和创新意识，掌握牢固的知识与过硬的本领，在未来通过创新为中国的发展做出积极的贡献。

谈谈你对“君子之交淡如水”的认识

滋润心灵的友谊最长久

述：君子之交淡如水，这句话出自《庄子·山木》。意思是：君子之交，源于互相宽怀的理解，在这理解中，互相不苛求，不强迫，不嫉妒，不纠缠，所以在常人看来，就像白水一样的淡。

评：一杯清水，平平淡淡，索然无味，却比任何饮料都解渴。君子之交就如清水一般，清澈无瑕、细水长流、滋润心灵。这种清水般的友谊，不盲目追求不分你我的交情，不用互相同化来扼杀个性，不含功利性，是心存默契、互利互助、面分而心合。

淡如水的友谊是伯牙、子期绝琴断弦的相知，是王茂生、薛仁贵清水相赠的默契。

让我们以“君子之交淡如水”作为交友的标准，秉持尊重理解、倾听包容、鼓励互助的态度维系朋友间的友谊。大家不一定要结伴而行，只需在前进的道路上遥望着相互加油鼓劲，朝着各自的人生梦想努力前行。

谈谈你对“美”的看法

内外兼修　美丽无限

述：美是一个很宽泛的概念。简单说，美是使人感到美好的一切。

评：爱美是人的天性，无论是少年儿童还是成年人，对美都有一种本能的向往和欣赏。不可否认，美可以给自己带来自信，也给他人带来愉悦。但我们更应看到，人的美分为外在美与内在美。外在美能引起人们的欣赏之情，而内在美会激起人们心中的钦佩、敬仰、感动等情感，并为之深深地吸引。中国有个成语叫“内外兼修”，我认为对美的追求就应该是这样的，外在美与内在美共同存在，相互辉映，让整个人由内到外散发魅力。

怎样才能兼顾外在美与内在美，做到内外兼修呢？我认为，外在美是人的外形整洁干净，得体大方；内在美是道德高尚，积极乐观。外在美不仅仅靠修饰，同时也是心灵美的外化。俗话说“相由心生”，善良可亲、阳光向上、乐观豁达的人，容貌必定不会凶神恶煞，衣着形象必定整洁干净；古人有言，“腹有诗书气自华”，知书达理表现在言行举止上，一定也会让人有如沐春风之感。

就我自身而言，我在人生任何阶段都将时刻注重内外兼修。我相信，只要用美的标准来要求自己的内在与外在，就一定会变得越来越美。

谈谈你对“节俭”的看法

奢靡败家　勤俭兴国

述：节俭是中华民族的传统美德。“奢靡败家，勤俭兴国”，中国人治国齐家最重要的经验就是尚俭去奢。尚俭不仅可以节约资源、集聚财富，更重要的是它能培育一种奋斗进取的精神。

评：明朝开国皇帝朱元璋就曾经约法三章：今后不论谁摆宴席，只许四菜一汤，谁若违反，严惩不贷。伟大领袖毛泽东一生粗茶淡饭，睡硬板床，穿粗布衣，生活极为简朴。当前，以习近平同志为核心的党中央严格要求国家行政机关、企事业单位厉行勤俭节约，同时倡导全国人民遏止“舌尖上的浪费”，使厉行节约、反对浪费在全社会蔚然成风。

作为有思想、有公民意识的社会成员，我们应养成节俭的好习惯，更要树立节约资源、珍惜劳动、创造财富的意识，养成节约每一滴水、每一度电、每一张纸、每一粒粮食的习惯。我相信，只要我们坚持从小事做起，从点滴做起，人人参与，长期坚持，勤俭节约的美德一定会在全社会传承弘扬，尚俭去奢的世界观、人生观、价值观定会深入人心。

谈谈你对“校园暴力”的认识

学校要担负遏止校园暴力的第一责任

述：校园暴力是指在校园里发生的暴力事件。包括学生之间、师生之间的暴力行为以及对学校的破坏行为。暴力不仅仅指肢体行为，也包括语言伤害等。

评：校园本应是学习的净土，但屡见不鲜的校园暴力事件却打破了校园应有的宁静。校园暴力事件虽然发生在学校里，但也是社会大环境的一个缩影。我认为校园暴力的产生主要有以下几方面原因：

一是多年来的应试教育模式，使学校和老师们把时间和精力过多地投入到提高学生成绩上，而对其心理健康重视远远不够，对学生之间的矛盾往往不能及时发现和有效干预。

二是不少家长只关心孩子的学习成绩，认为只要给孩子创造良好的学习和生活环境就算尽到责任，而很少关心孩子的精神世界，父母的过分宠爱滋生了子女凡事以我为中心、为所欲为的心态。

三是社会上影视动漫、书籍杂志中不乏刀光剑影的暴力场面，宣扬“以暴制暴”的江湖规矩，青少年自制能力弱，是非界限模糊，好奇心重，模仿力强，很容易被这样的精神鸦片所毒害。

校园暴力事件的存在，受影响的绝非个别学生，而是全体青少年，值得全社会高度关注与重视。我认为，一方面，国家相关部门一定要从学校、家庭、社会多个层面去研究标本兼治的办法。另一方面，也是眼下时不我待的，就是学校要担负起重要职责：事前，要捕捉苗头加强教育；事发，要及时制止措施得当；事后，要有效处理。总之学校在治理校园暴力上应当是第一责任人，只有肩负好这一职责，校园暴力有效遏止才能成为可能。

谈谈你对“言传身教”的看法

身教重于言传

述：言传身教是指在口头上传授讲解，在行动上以身作则。

评：我的高中老师曾讲过这样一句话：“知识可以教，但品德不可以教，品德是潜移默化熏陶的，只能靠行为示范。”我很赞成他的观点。言传和身教是实施教育的两种方式，而身教更重于言传。古话说得好：“其身正，不令而行，其身不正，虽令不从”。“孟母三迁”“曾子杀猪”这些我们熟悉的故事，无不诠释了身教重于言传的道理。

身教重于言传的道理浅显易懂，但很多父母却不肯将这个道理运用到生活中。有的父母在孩子的身上寄托了太大的希望，整天苦口婆心教育孩子要专心学习，自己却整日流连手机；有的父母不让孩子做任何家务活，满足孩子的各种物质要求，一味让孩子读书，不关注他们的精神需求。

事实上，优秀的家庭环境，不是给孩子吃最好的、穿最好的，只让孩子做作业，其他的什么都不用干，而是父母以身作则，在要求孩子的同时自己率先垂范，积极乐观地对待生活，饱满激情地投入工作，体贴和善地对待家人，真挚坦诚地对待朋友。让父母的言行渗透孩子生活的方方面面，在点滴的日常生活中潜移默化地影响孩子。

真心地对天下的父母说："当你们成为龙父龙母时，相信我们这些孩子也会成龙成凤。因为身教重于言传，榜样的力量是无穷的!"

谈谈网络教育的利与弊

网络教育有利有弊

述：网络教育也称现代远程教育，通过音频或视频的形式、实时和非实时的方式，使学习不再受时间、空间的限制。当然，任何新生事物都有一个完善优化的过程，网络教育并非尽善尽美，它有优点也存在缺陷。

评：网络教育最主要的优点有两点。一是可实现教育资源利用最大化。教育课程可通过网络对全球所有人开放，所有学生都能学到最出色老师教得最好的课程。二是学习行为自主化。任何人可以在任何时间、任何地点，从任何章节开始学习任何课程，形成了以学习者为中心的现代学习方式，同时让终身学习更容易实现。

而网络教育的弊端也是显而易见的，最明显的有两点：一是网络信息传播的任意性强。青少年有着自我监控能力不强、极富好奇心的特点，上网课增加了他们接触网络的机会，提高受网络世界不良信息误导的概率。二是学习互动性差。师生之间、学生之间沟通交流不足，致使学习效果被打折扣。而要弥补上述缺陷，一是构建专门用于青少年的网络资源环境，二是加强网络课堂师生间、学生间交互系统的开发。

总之，在信息技术飞速发展的今天，网络教育的发展势不可挡。教育机构应充分发挥其优势，改进其缺点，同时让传统教学与网络教学相互结合、优势互补，这样，教育教学才会更加完美。

谈谈你怎样使用社交软件

使用社交软件应适度

述：当今世界，网络遍布人们学习、工作和生活的每一个角落，对于社会交往，网络也显示出了神通广大的本领。诸多社交软件，如QQ、微信、微博等，大大方便了人与人之间的联系沟通。

评：社交软件的推陈出新，使社会交往超越时空，犹如空气一般渗透在人们的日常生活中，让世界成为一个统一的整体。但随着时间的推移，社交软件的弊端也不断凸显。一是因为部分社交软件未实施实名制，存在网络诈骗、不健康信息传播等风险；二是社交软件催生的“低头族”，无论工作、聚会还是在家里都抱着手机，社交软件拉近了人们的距离，又从某一方面拉开了人们的距离。

客观来讲，软件本身无对错，其本质是一个工具，主要在于我们怎么使用：适当使用，会是生活的调节剂；倘若过度依赖、沉溺其中，那就是生活的腐蚀剂。

还是青少年的我，自控能力还不够强大。因此，在学习期间特别是上课时，我不会使用手机、平板电脑，自然也不会使用社交软件。我会在学习之余，主要是节假日期间，适度使用社交软件。我的底线有两点：一是不触碰存在风险的交友软件；二是拒绝用社交软件与陌生人接触，只与亲朋好友交流沟通、互送祝福。而对于身边的亲人和朋友，我更愿意与他们面对面进行交流。因为我相信，社交软件能拉近人与人之间的物理距离，但无法完全代替现实世界的真实美好。亲人朋友间心与心的距离，更需要在现实环境中、在真实交流相聚中拉近。

谈谈微信拜年与传统登门拜年

让微信拜年和登门拜年互为补充、相得益彰

述：当今世界，网络遍布人们学习、工作和生活的每一个角落，你瞧，新年前后，互联网上拜年祝福的“年味儿”正浓，微信拜年已成为人们的“新宠”。

评：微信拜年经济便捷，声情并茂，让祝福充满情趣和快乐，将人们的情感交融凝聚，所以深受人们认可和喜爱。

但是，一些不善于使用网络社交软件的人群，特别是老人，他们很多人不会使用智能手机，更别说微信了。所以，我们在忙着微信拜年的同时，也别忘了到年老的亲人朋友家里登门拜年；如果距离遥远，也别忘了送上电话祝福。

“微时代”在很大程度上改变了我们的社交方式，但我认为，微信、微博等社交软件虽然能拉近人与人之间的距离，却无法完全代替现实世界的真实美好，亲人朋友间还是需要在现实环境中、在真实的交流相聚中增进感情、互送关怀。条件允许的话，如果微信拜年和登门拜年能够同时进行，就再好不过了。

谈谈微信、微博对青少年的影响

使用微博、微信应适度

述：随着网络的快速发展，人们的生活正在发生“微”妙的变化，微博、微信等新媒介的兴起把人们带入了一个和现实生活联系密切的“微时代”。青少年是接受新事物的佼佼者，自然成了“微时代”的弄潮儿，他们每天都在用微博、微信分享自己与关注他人。不可否认，“微时代”的到来，给青少年带来了较大的影响。

评：首先，使用微博、微信积极影响较多。一是可以多形式发送信息，多渠道交友，能增加朋友间互动交流的趣味性和广泛性；二是可以随时随地晒生活晒心情，张扬个性，宣泄情感，满足了青少年关注与被关注的心理需要；三是在一定程度上促使青少年注重观察积累，激发其写作热情；四是资费少或零资费，不会增加经济负担，甚至减少了电话费。

但任何事物都有其两面性，微博、微信既能帮助我们“披荆斩棘”，又可能导致我们“流血受伤”，会给成长中的青少年带来负面影响。青少年有着自控能力不强、极富好奇心的特点，面对资讯丰富、形式新颖的微博、微信，极易深陷其中，其后果：一是浪费学习时间，影响学业；二是沉迷虚拟世界的交流，影响现实的、正常的人际交往，甚至与身边的亲人朋友变得疏远。要有效避免这些负面影响，就需要学校和家庭加强监管，青少年强化自身约束，确保青少年理性地、适度地使用微博、微信。

其实客观来讲，微博、微信本身无对错，关键在于我们怎么使用。适当的时候用之，会是学习生活的调节剂；倘若过度依赖、沉溺其中，那就是生活的腐蚀剂。因此，我会不断地告诉自己适度使用微博、微信，发挥其积极作用，规避其不良影响，使它成为我学习、生活的好帮手。

畅想十年后的家乡

我的家乡如此美丽

述：十年过去了，我的家乡是什么景象呢？它就像一个绿色的世界，街道整洁，绿树成荫，鲜花盛开，空气中弥漫着清新的香味，家乡的人们就像生活在天然氧吧。

现代科技进一步融入生活，大街上奔驰的汽车绝大部分都以太阳能为动力；陆续推出的各种机器人能及时处理各种垃圾、污水、废气，最大化促进矿产、水资源循环利用。

除了环境美和高科技，家乡还有一点让人骄傲，那就是社会文明程度大幅提升，人们向上向善、尊老爱幼、邻里和谐、社会有序，正能量在生活中荡漾。

评：如今生活在家乡的我们是多么的幸福美好啊！我们将尽情发挥多年积累的知识与能力，积极投入家乡建设，把家乡打造得更和谐、更美丽！

如何理解和对待“郁闷”

调适心情　做生活的主人

述：人生往往在不期然间跌入低谷，或因学业上的退步，或因事业上的失意，或因家庭变故，或因身体患疾。在人生低谷，人自然会感到某种难以承受的压力，心情不由自主会变得郁闷。

评：我们的人生不是一成不变的，人生旅程好似历经不断的四季轮回，充满朝气的春，奋力拼搏的夏，收获成功的秋，身陷低谷的冬。而人生只有经历了四季变换才会圆满，所有的快乐、喜悦、爱，只有当四季都结束了之后才能去衡量。冬天像一位睿智的导师，它用磨难和困苦为我们设计考题。磨难和挫折是人生的财富，寒冬后往往就是丰年！就像勾践在逆境中隐忍，终于迎来了越国的匡复；就像邓小平在低谷中蛰伏，最终谱就了改革开放的华章。

人非草木，孰能无情。生活中的得失成败影响着我们的心情，我们有时欣喜若狂，有时满腔怒火，有时开心舒畅，有时郁闷丧气，这些都使我们的生活多姿多彩。但我们要学会调适心情，拥有了良好的心理平衡能力，我们才能做生活的主人，做自己的主人。

我的酸甜苦辣

酸甜苦辣　无悔青春

述：俗话说，人生几十年，酸甜苦辣咸。人生各种滋味都有，所以称为“百味人生”。我们正值人生的青春华年，尝遍酸、甜、苦、辣滋味的青春才是丰富的青春。

评：作业本上那刺眼的叉让我们心情酸楚，努力复习换来的优秀成绩单让我们心甜如蜜，每晚熬夜到十二点才能做完的作业让我们苦不堪言，做了错事后爸妈凌厉的眼光让我们脸颊辣似火。青春就是这样，有时酸如柠檬，有时甜如蜜枣，有时苦如黄连，有时又辣如老姜，而正是这些滋味，才让青春这段青涩的岁月那么难忘、那么令人记忆犹新。那些开心的笑和伤心的泪水，就像一道道明媚的阳光和一滴滴甘甜的雨露，映照和滋润着我们的心灵，伴随着我们成长！

如何看待“养生热”

养生其实很简单

述：随着经济社会的飞速发展和人民生活水平的日益提高，人们自然而然对生活品质有了更高的要求，更多人希望拥有健康的身体，享受生活，享受人生，所以越来越多的人加入养生行列，于是乎，养生成为一种全民现象。

评：养生本来是件好事，只有坚持正确的作息和科学的饮食，才能拥有健康的身体。但凡事过犹不及。在现实生活中不乏这样一些人，整日沉迷于养生，花费高价买几乎没有价值的“保健品”，喝个水都要拿温度计量一量，每天在“昨天的水喝不喝”这些琐事中纠结，这样的养生实际上是“伪养生”。

养生不能盲目跟风，一定要选择适合自己的方式。其实，最好的养生是规律的作息、合理的饮食、平和的心态，做到这些，养生就变得很简单。

·亲情类·

别让等待，成为遗憾

树欲静而风不止　子欲养而亲不待

述：有一个公益广告令我印象深刻：儿子小时候告诉母亲，等他长大了就让母亲享福。儿子结婚后告诉母亲，等他有了孩子就让母亲享福。这位母亲每次都笑得很幸福，并慈祥地看着儿子。后来啊，小孙女对奶奶说："奶奶，等我长大了就让您享福！"这位母亲仍笑得那样开心。可是这位老人还能等多久呢？

评：我们总是以为时间还很多很多……殊不知，时间是个无情的家伙。树欲静而风不止，子欲养而亲不待。所以，趁现在还来得及，好好孝敬父母吧！

作为年轻一代的我们，要珍惜每一天，好好孝顺自己的父母：认真学习，不辜负父母的希望，力所能及分担家务，耐心聆听父母的唠叨，关心父母的身体和心情；工作以后，也一定要常回家看看，即使不能时常回家，哪怕是一个电话、一句祝福，也要传递对父母的思念与关爱。绝不让父母的等待，成为自己一生的遗憾！

有爱就有责任

爱本身就应该是一种责任

述：曾经有一条题目是"有爱就有责任"的公益广告让我心生共

鸣。广告将英文单词“Family”诠释为“Father and Mother, I Love You”，并将每一个字母拟人化，用卡通的形象来诠释“有爱就有责任”。

评：是的，爱本身就应该是一种责任。

从出生到现在，我的父母对我悉心照顾、尽心付出，对我的道德和行为积极引导、严格约束。他们爱我，更尽到了哺育、教育我的责任。

岁月在静静流淌。而今，我渐渐长大，我的父母也像广告中说的那样慢慢变老。我爱他们，也将尽一分做儿子的责任，用心回报父母，做父亲贴身的拐杖，为母亲遮风挡雨，细心呵护我们温暖的家。

那一刻，我读懂了母亲

母爱是世间最伟大的力量

评：一位名人曾说过：“成功的时候，谁都是朋友。但只有母亲，她是失败时的伴侣。”是的，在这个世界上，最关心你的是家人，在你失败的时候给你鼓励，在你高兴的时候陪你一起笑，在你成功的时候告诉你应戒骄戒躁。

述：我的母亲是个不善言辞的人，对于正处在叛逆期的我而言，我一直以为她不懂我，也不知道我需要什么。一次考试失败，我的心情跌到了谷底。放学后，我将自己关在房间里，郁闷得像失去水的鱼儿。就在这时，门被打开了，是妈妈，我不以为然。她也没多说什么，只是把一杯热腾腾的奶茶放在书桌上就离开了，我漠然地望了她一眼，她的表情，分明是欲言又止。我走到书桌前，捧起温暖的杯子，一张垫在杯底的纸映入了我的眼帘，上面赫然写着几个字：只有经历过失败而成功的人，才是最坚强的人。我脑海里立刻闪现出母亲刚才那欲言又止的表情，那一刻，我读懂了母亲，她的眼神中，是信任，是鼓励，是期望。

你如何看待尊老敬老

你陪我长大　我陪你到老

述：孝乃道德之本，孝乃家庭和睦的根本，孝乃社会进步的基石。“中国好人榜”上的孝老爱亲好人潘海波，带着瘫痪母亲教书10年；全国向上向善好青年雷振东，悉心照料聋哑人父母，以质朴的肩膀撑起了一个温馨和睦的家庭。他们身上充分体现了中华民族尊老敬老的传统美德，他们应当成为全社会学习的榜样。

评：你陪我长大，我陪你到老。父母给了我们生命，哺育我们长大，培育我们成材，当父母年迈时，于法于理于情，我们都应对父母予以生活的赡养和心灵的慰藉，让他们拥有幸福的晚年。《论语》有言：“事父母，能竭其力。”孝道没有统一的模式，合适就好。

懂得孝敬父母的人才是对社会有用的人，孝老爱亲的家庭才是幸福和谐的家庭，爱老助老的民族才是优秀的民族，弘扬孝道的社会才是文明进步的社会。希望在全社会孝老爱亲榜样事迹的引领下，尊老敬老的价值观能不断开枝散叶，尊老敬老行为在全社会蔚然成风。

走出父母的保护伞

独立与成长

述：雏鹰，只有被无情地推下悬崖，才能振翅去搏击那变幻莫测的风云。马驹，只有被赶出舒适的圈栅，才能扬蹄驰骋于烽火连天的疆场。孩子，只有走出父母的保护伞，才能独立踏上漫长的人生征程，去开创人生宏伟的业绩。

评：独立使人成长，独立让人坚强。罗蒙诺索夫19岁就一人步行一千多公里求学，平凡女孩孟佩杰十几年如一日照顾瘫痪养母，从他们身上，我看到了“天行健，君子以自强不息”的追求。

正如海子所说：“我们最终都要远行，最终都要跟稚嫩的自己告别。也许路途有点艰辛，有点孤独，但熬过了痛苦，我们才能得以成长。”是的，走出父母的保护伞，通往独立的旅途可能大雨滂沱，可能并不平坦，但唯有经历过，我们才能收获成长，而一路上的磅礴与宏伟，也定会渗入我们的骨髓，让我们自此拥有在天地间傲然挺立的根基。

家庭是人生的第一课堂

正确演绎父母角色　陪伴孩子健康成长

述：教育专家认为，决定孩子一生的不是学习成绩，而是健全的人格修养。在一个人的受教育经历中，最大的影响因素莫过于学校和家庭，学校传授给孩子知识和技能，家庭培育孩子的人格、性格、品位、视野等。想让孩子成为一个人格健全的人，学校与家庭相比，显然后者更为重要。曾子杀猪、孟母断布为我们诠释了这样一个道理：父母的言传身教、家庭的正确导向胜过他人的万千说教。

评：家庭是人生的第一课堂。然而，随着工作节奏不断加快，竞争压力日益增大，许多家长不得不将更多时间和精力投入到工作中，无暇顾及甚至忽视对孩子的教育和指导。父母与孩子相处时间过短、留守儿童长期与父母分离，这些已成为亟待解决的社会问题。

常言道：“父母是孩子最好的老师。”父母应深刻认识到家庭教育的重要性，认识到亲子关系的自然性、社会性和持续性，正确演绎父母的角色。在孩子成长过程中，多给予孩子陪伴，营造充满父爱母爱的家庭环境，以健康积极的心态进行沟通和教育，引导孩子成为一个善良、正直、坚强、阳光的人，一个充满正能量、对社会有用的人。

·综合类·

逆境中的微笑

用微笑面对挫折

述：漫漫人生的路途中，有顺境也有逆境，有坦途也会遇挫折。身处逆境不代表你是一个失败者，只是提醒你要总结经验教训；身处逆境不意味着你无法成功，只是表明你还需历经人生的磨砺。逆境是人生的熔炉，它可以把人熔垮，也可以使人更加坚强自信。

评：贝多芬，他双耳失聪，却毫不退缩，仍旧扼住命运的咽喉，以热情与执着完成了一部部经典的乐曲；史铁生，他高位截瘫，但坚持写书，将自己的苦难化为一篇篇伟大的作品，贡献给世界。

人生若逆旅，在未来的人生路上我们仍会遇到很多失败与挫折。我们都应该坦然接受，勇敢面对，既保持拼搏奋斗之精神，又保持淡泊宁静之心境，将一次次逆境当成一步步阶梯，攀上更高的山峰。在逆境中微笑，人生的经历会更加丰富多彩、温暖美好！

战胜诱惑

无欲则刚　人贵自制

述：人的一生会遭遇很多诱惑，金钱的、名誉的、美色的……战胜诱惑，需谨记“无欲则刚，人贵自制”的箴言。

评：诱惑无处不在，欲望是每个人都有的。所谓无欲其实是要求我们以理性与欲望对抗，并控制自己的欲望，从而不受外界诱惑。一代诗人陶渊明，不慕名利，辞去官职，因此有了“采菊东篱下，悠然见南山”的独立人格；民族英雄林则徐，拒绝苟活，禁烟抗毒，用行动书写了“壁立千仞，无欲则刚”的词句。

在当今这个思想多元、信息传播迅速的社会，存在许多诱惑，网络小说、电子游戏……有很多同学因沉陷其中而荒废学业。其实，拒绝诱惑、拒绝沉迷，最重要的在于学会自制，在诱惑面前保持清醒头脑。

我们将以“无欲则刚，人贵自制”作为立身行事的指南，安心于纯洁的学习环境与生活环境，远离黄赌毒等不良事物，战胜不良诱惑，坚定理想，坚持正能量，做一个德才兼备的人、对社会有用的人。

向平凡致敬

把每一件平凡的事做好就是不平凡

述：绵延不断的万里长城，令世界瞩目；浩瀚无垠的茫茫沙漠，令人震撼。当你在惊叹长城的宏伟、沙漠的无垠时，你可会想起它们由一块块石头、一粒粒细沙组成？石块、沙粒固然微小，却能成就一番大事业，所以，它们平凡，却又是伟大的，值得我们尊敬。

评：清晨出门，经常会遇到正在辛勤工作的清洁工人，拂晓时分的城市还是一副睡意惺忪的样子，他们却已操劳了好几个小时，要赶在太阳升起之前将整洁清爽的城市呈现给人们，天天如此，月月如此，年年如此。享受着安逸的城市环境时，我们是否应该向这些平凡的清洁工人致敬？海尔集团创始人张瑞敏曾说过这样一句话：“把每一件简单的事做好就是不简单，把每一件平凡的事做好就是不平凡。”是的，一切伟大都孕育在平凡之中，平凡是伟大的基础，伟大是平凡的升华。

我们要坚定“把每一件平凡的事做好就是不平凡”的理念，无论在当前的学习，还是在今后的工作中，都脚踏实地，坚实走好人生每一步。选择平凡，但拒绝平庸；甘于平凡，但追求自身价值。我将用智慧、勤奋与坚韧，演绎出自尊、自立、自强的精彩人生！

信念的力量

坚持信念　砥砺前行

述：信念指对事物的一种判断，认为其是事实或者必将成为事实。信念的力量不可估量。人的一生将会遇到许多坎坷险阻，只有怀揣着坚定不移的信念，方可走向成功。

评：越王勾践，凭着自己复国的信念，卧薪尝胆，最终实现了“三千越甲可吞吴”；长征路上的红军，靠着必胜的信念，一往无前，最终实现了“三军过后尽开颜”；失明的奥斯特洛夫斯基，靠着生存下去的信念，历时三年写下了巨著《钢铁是怎样炼成的》；汶川大地震中被埋在废墟下 100 多个小时仍然活着得救的人，哪个不是凭借顽强的信念撑住，最后创造了一个又一个生命奇迹？

一直以来，我坚持着自己的理想与信念，梦想将来能成为一名节目主持人，并为之努力奋斗。学习时，我认真练习普通话发音，训练思辨能力与口语表达能力；生活中，我注重培养自己的观察力和对新闻的敏感度；与人交流时，我沉着自信，踊跃发表自己的看法和观点。我深知未来的道路将不乏艰辛坎坷，但我相信，只要坚持信念，砥砺前行，梦想终有一天会成为现实。

感谢挫折

挫折是人生的财富

述：挫折，是漫长的人生奋斗历程中的一大障碍。它对于强者来说是一步步阶梯，对弱者来说则是万丈深渊。强者利用挫折取得成功，弱者往往因为挫折而走向失败。

评：宝剑锋从磨砺出，梅花香自苦寒来。人若不经历重重艰难险阻，就不能磨砺意志、超越自我、走向成功。经历了一次挫折就会有一次经验的积累，也就离成功更近一步。爱迪生为了寻找灯丝材料，先后尝试了 1600 多种矿物和金属材料。谁能知道，他在成功之前，经历了多少次失败与挫折？

挫折是人生的财富。作为青少年，我在学习过程中也曾遇到过许多挫折，正因为这些经历，我发现了不足、积累了经验、增加了动力、激发了潜能，成为了更优秀的自己。挫折也能让我们在未来的人生历程中，更懂得戒骄戒躁、奋力拼搏，更懂得即使身处低谷也要勇敢站起来，迎接人生的重重挑战。

方向比速度更重要

认准方向　砥砺前行

述：先和大家分享一个小故事。贞观年间，长安城有两匹马，它们是好朋友。其中一匹马被玄奘大师选中，作为前往印度取经的坐骑，另一匹马被磨坊主买走。17 年后，随玄奘大师去取经的那匹马驮着佛经回到长安，当它谈起旅途中神话般的经历时，磨坊的马惊叹道："你有多么丰富的见闻呀！那么遥远的道路，我连想都不敢想。"外出取经的马说："其实，我们的速度和走过的距离是大体相等的。不同的是，玄奘大师有一个远大的目标，我们按照始终如一的方向前进，所以打开了一个广阔的世界。而你一生围着磨盘打转，所以永远走不出这个狭隘的天地。"

评：这则故事诠释了一个道理：一个人最重要的不是他所在的位置、前进的速度，而是他所朝的方向。方向明，即使前进的脚步较缓，那也是一种朝向成功的积累；方向不明，则很难有所成就；如果方向错了，就如南辕北辙，前进的速度越快，离目的地越远。

播音界的任志宏老师曾说过这样一句话："人生最大的幸福就是选择了一个自己喜欢并愿意为之付出、为之努力奋斗的工作。"这句话坚定了我以播音与主持为人生职业的理想，并鼓励我一直努力奋斗。我相信，只要认准方向，砥砺前行，梦想终有一天会成为现实。

让想法变成行动

让想法变为行动　才能收获成功

述：石油大亨洛克菲勒曾说："成功地将一个好主意付诸实践，比在家空想出一千个好主意要有价值得多。"阿里巴巴创始人马云曾说："晚上想想千条路，早上起来走原路。"不可否认，好的想法是获得有利结果的第一步，但如果不付诸行动，一切都属空谈。只有让想法变为行动，才能收获成功；只有把握现在，才能成就未来。

评：洛克菲勒用行动抓住机会，成为世界石油大王；马云通过行动实践想法，成为中国互联网时代的创新大师。再放眼世界，那些工商界、政府、军队中的领袖人物，大多是能干又肯干的人，是百分之百主动的人，而那些站在场外袖手旁观的人永远当不成领袖人物。

俗话说："换种态度，收获行为；换种行为，收获习惯；换种习惯，收获命运。"我们青少年一代更应该停止一切不切实际的幻想，远离诸如"明天""下礼拜""将来"之类的借口，无论对待学习还是生活，都有积极主动的态度。要善于思考，更要勇于行动，让现在就做、当日事当日毕的好习惯在学习与生活中开花结果。

是现在，亦是未来

现在决定未来　未来也决定现在

述：是现在，亦是未来。现在决定未来，未来也决定现在。

评：每一个人都要从现在走向未来，一个人现在的所作所为影响并决定着他未来的人生前途，这就是现在决定未来；而未来的你想成就什么样的人生目标，就需要你具备什么样的素质和能力，这就决定了你必须从现在起认真筹划每一天、每一刻，让每一天、每一刻都为未来奠定基础，这就是未来决定现在。

因为现在对电视综艺节目的喜爱，我选择了播音主持专业作为我未来的职业理想。而正因为做了这个关于未来的决定，我现在一直努力为之奋斗着：学习时，我认真练习普通话发声，训练思辨能力与口语表达能力；生活中，我注重培养自己的观察力和对新闻的敏感度；与人交流时，我沉着自信，踊跃发表自己的看法和观点。我深知“把握今天就是把握未来”的道理，要仰望理想的天空，更要走实脚下每一步。我相信，只要认准方向，砥砺前行，未来的梦想终会实现。

对爱的理解

用爱书写美丽人生

评：爱是什么？凡·高说：“爱之花开放的地方，生命便能欣欣向荣。”罗曼·罗兰说：“爱是生命的火焰，没有它，一切变成黑夜。”雨果说：“人生是花，而爱便是花的蜜。”

述：汶川大地震中的谭千秋老师，在教学楼即将坍塌的一瞬把离自己最近的四名学生塞入桌底，然后张开双臂趴在桌上用血肉之躯保护他们，当救援的人找到他们时，四个孩子平安无事，可谭老师却永远不再醒来。人们用这样的话来纪念他：“你伸出天使的翅膀，飞向最圣洁的天堂。你把爱镌刻在我们心上最深最深的地方。”谭千秋老师用对学生博大的爱、深厚的爱书写了自己光辉而美丽的人生！

在我们的周围，还有那么多“中国好人”，他们或许并没有面临生死抉择，做着看似平凡的事情，但他们的涓涓爱心却温润着整个社会。“最美轮椅姐姐”刘晓清克服高位截瘫的不便，担任多个学校的书法老师，义务辅导孩子们学习书法；“好妈妈”王兰兰，埋藏一位失独母亲的痛苦，坚持开办为小区 130 多名独居老人服务的爱心食堂……赠人玫瑰，手有余香；帮助别人，快乐自己。刘晓清、王兰兰用自己的执着付出为社会书写了爱的篇章，而她们也在帮助他人中走出了痛苦，体现了价值，活出了新的人生。

春去秋来，光阴荏苒。终有一天，你我也会满面皱纹、两鬓苍苍，但只要我们曾经用真情唱响友爱之歌，用责任诠释慈爱之心，相信你我都可以骄傲地说："我的人生如此美丽！"

让文明与生活同行

每人迈出一小步　社会进步一大步

述：我国是世界著名的礼仪之邦。孔融让梨、程门立雪……古人给我们留下了许多文明佳话。而如今环顾四周，不文明行为时有发生，大声喧哗、随地吐痰、采摘花草等，影响了我们的生活环境，甚至影响了中国在世界的形象。

评：文明是中华民族的传统美德。代表着中华民族未来和希望的我们，怎样才能接过人类文明的接力棒？古人云："勿以善小而不为，勿以恶小而为之。"文明不需要多么崇高的心灵，多么伟大的举动。有时候，一声问候、一种手势、一个微笑、一分等待、一把雨伞，就可以温暖许多人；一张纸的厚度、一厘米的距离、一分钟的时间，就可以让文明在我们的身边闪烁。

让我们从现在做起，从自身做起，从点滴做起，养成良好的文明习惯：管住我的口，不随地吐痰；管住我的手，不乱扔垃圾；管住我的脚，不践踏花草。每当我们播下一个动作，就会收获一个习惯；播下一个习惯，就会收获一个品格。我们相信，每个人迈出一小步就会使社会迈出一大步，文明之花就会永开不败。

让文明与生活同行！

无论成败，他们都值得我们尊敬

向所有拼搏过的人致敬

述：作为世界体育盛事的奥运会，足以吸引每个体育爱好者的目光。每届奥运赛事都会带给我们诸多感动与惊喜！在观看比赛精彩角逐的同时，我们也会关注运动员比赛背后的心路历程，多少次泪湿眼眶，多少次欣喜若狂，在他们的得失中感受着他们的喜怒哀乐。一直认为拼搏中的人最有魅力，无论成败得失，为了梦想而奋斗的人都值得我们尊敬！

评：在奥运赛场上，不论是缔造了“八金”神话的菲尔普斯、超越前辈的郭晶晶、完美谢幕的冼东妹和陈艳青，还是两次与金牌擦身而过的马修·埃蒙斯、三朝元老却无缘奖牌的赵颖慧、首轮就淘汰出局的陶菲克……都是我心中的英雄。他们为奥林匹克运动做出了同样的贡献。

看着奖牌榜数字的变化，我也在思考，竞技体育的最终目的是什么？金牌？世界排名？都不是！是超越！超越历史，超越自我！

致敬竞技体育，致敬体育健儿，致敬所有为超越而拼搏的英雄！无论成败，你们都值得我们尊敬！是你们，在世界奥林匹克史上绘就因不断超越而绚丽的篇章！

以心相连，以情沟通

交往之花在真诚中绽放

述：人是社会的人，自然就离不开彼此的交往。古人说：“君子之交淡如水，小人之交甘如饴。”那么，21 世纪的我们该如何与人交往呢？对此，我崇尚一句话：以心相连，以情沟通。

评：刘备三顾茅庐，以诚心换来诸葛亮的真心，诸葛亮不但打开了柴门，而且打开了心门，抱着“士为知己者死”的决心帮助刘备，留下了君臣知己之交的佳话。蔺相如回避廉颇的处处刁难，以真情化解与廉颇的误会与矛盾，不仅迎来了廉颇负荆请罪，两人还结为刎颈之交，共同实现捍卫赵国的远大抱负，留下了将相和的美谈。

古语有言：“博弈之交不终日，饮食之交不终月，势力之交不终年，惟道义之交，可以终身。”人与人的交往，若秉承“真诚相待，尊重理解、倾听包容、鼓励互助”的理念，做到以心相连，以情沟通，友谊之花就能常开不败！

感恩与回报

感恩于心　回报于行

述：落红不是无情物，化作春泥更护花。花瓣凋落了会化作春泥去守护树木和花朵。这是多么高尚的感恩之心啊！植物尚且如此，更何况人呢？

评：经历过多少春秋交替，体验过多少欢颜笑语，享受过多少幸福，承受过多少压力。呱呱坠地，牙牙学语，接受教育，立足社会，每个阶段，潜移默化中，我们接受着父母、老师、国家、朋友，甚至陌生人的帮助，有了他们，我们才会健康成长，才会感受温度、传递温度。

谁言寸草心，报得三春晖。我们要抱着感恩的心，感谢生命，更感谢赐予我们生命的人。对父母的回报，不需要等待，不需要等到有成就之时，一件用心去做的微不足道的小事，对父母来讲也是一种慰藉。

借得大漠千斛水，研为翰墨颂师恩。老师是美丽的耕耘者，给予我们的是精神食粮，传授我们的是人生之法。而他们想要的回报，是我们现在的寒窗苦读，是我们未来的茁壮成长。

蜜蜂从花中啜蜜，离开时嗡嗡道谢。安宁的生产、进步的社会、发达的科技，我们在祖国的羽翼之下幸福生活、茁壮成长。少年兴则国兴，少年强则国强，中华民族伟大复兴需要我们的力量。

蝶恋花恩，乃快乐之丛也；鱼知水恩，乃幸福之源也。羊有跪乳之恩，鸦有反哺之义。而我们，也将感恩于心，回报于行！

微笑是一束阳光

微笑的力量是无穷的

述：“生活是一面镜子，你对它笑，它就对你笑；你对它哭，它也对你哭。”这是英国作家萨克雷的名言。微笑着应对生活的人，失去的是自我的烦恼，不仅仅如此，他将会赢得世界。

评：当爱迪生面对失败，他选择微笑前行，成就了发明大王的美誉；当霍金面对病痛，他选择乐观地度过余下的岁月，成就了举世闻名的科学巨人。微笑服务给希尔顿酒店带来巨大成功，帮助公司在大萧条中率先渡过难关，发展为遍布五大洲的跨国酒店管理公司。

冰心说过：“快乐是一抹微云，痛苦是压城的乌云。”正是这不一样的色彩在生命的天边交替出现，演绎出一个个美丽的黎明和黄昏。真实的生活之旅不是一马平川，但只要有一颗乐观坚强的心，微笑着面对人生之路，就一定能做到笑口常开。成功时，自信的一笑能鼓舞自己戒骄戒躁继续努力；失败时，豁达的一笑能激发自己面对挫折时的超然与从容。

让我们永葆积极阳光的人生态度，微笑着勇敢面对生活！

谈谈自尊

唯有自尊，才能懂得自爱，收获自信，赢得自强

述：屠格涅夫曾经说过：“人假设没有自尊，那就会一无价值。”一个自尊的人不会向别人卑躬屈膝，也不会允许别人歧视和侮辱自己；自尊的人大多是有理想、有抱负、有气节、有人格、有个性、有主见、有

毅力的人。这些都是自己发奋图强的前提和基础。

评：“士可杀不可辱！”“宁为玉碎，不为瓦全！”“宁可站着死，不可跪着生！”这些都是自尊的精髓所在。无论是“不为五斗米折腰”的陶渊明，还是“安能摧眉折腰事权贵”的李白，无论是“燕雀安知鸿鹄之志”的陈胜，还是“留取丹心照汗青”的文天祥，他们都用行动告诉了我们自尊的可贵。

一个人不仅要捍卫自己的尊严，更要捍卫祖国的尊严。当卢沟桥响起枪声，无数中华儿女奋起反抗。那些为国家尊严而战斗到底的人，注定永载史册，受后人敬仰。

自尊是成功之本，是信念之源，无论是国家、民族，还是个人，都应具备自尊的品格。唯有自尊才能懂得自爱，收获自信，赢得自强。

谈谈自爱

爱人者先爱己

述：爱人者先爱己。自爱，是每个人必不可少的品质。什么是自爱？自爱就是爱惜自己的身体，珍惜自己的名誉，它是一个人的欢乐之源，更是成功之始。

评：自爱就是要肯定自己，接受自己。既接受自己的优点，也接受自己的缺点，接受自己是苹果而不是香蕉，接受自己是在特定的环境下成长为今天的模样，不内疚，不纠结，不妄自菲薄。坚定地认为自己值得拥有一切美好的东西！

自爱就是要正视自己，完善自己。人要有高傲的骨气，更要有虚心的态度。保持一颗平常心，在鲜花与称赞中，仍然保持清醒的头脑，正视自己的成绩，发现自己的不足，才能获得更大的进步。

自爱就是要战胜自己，超越自己。给自己以动力去打败艰难，向更高的目标迈进，做更好的自己。

人不自爱，谁人爱之？朋友，请自爱吧！要先珍惜自己，爱护自己，才有能力珍惜和爱护他人。

谈谈偶像力量

偶像力量应是正能量

述：说起“偶像”，我们都不陌生。在这个世界上，有许多值得我们崇拜和学习的榜样，无论是怎样的偶像，都是有优点可以去欣赏、去学习的。有正能量的偶像，带有一股强大的力量，可以激励人心，使人奋发向上。

评：“偶像”，原指木偶土像，为人们所供奉以作祈拜用。在生产力极度低下的史前，这便是掌管一切的神灵，引领人们的思想，给人们描绘虚无缥缈的愿景。

后来，氏族的族长承担了组织者的重任而代替神灵，带领着族人在野蛮中创造文明，在危险中找到庇护。人们在罕有的强者面前团结一致、得以生存，这便是偶像的力量。

封建社会的出现在推动历史前进的同时，也带来了新的偶像——封建国家的统治者。心系于民的统治者集万千景仰于一身，率万民立于乱世之巅，散发偶像的力量。

而今天，随着生产力的极大提高，生存已不是头等大事，偶像的标准开始由物质偏向精神方面，不同领域的人都能成为偶像。但有一点是亘古不变的，从政坛风云人物到战斗英雄，从科技天才到体坛健将，他们都在用自己的方式为这个时代这个社会做出贡献，成为楷模。

我们一直崇拜的偶像为何物，又为何而存在？我想，正如城市需要高楼，夜空需要明星，乐曲需要华彩，一个能尽力发挥光和热，为他人点燃火炬，传递信念与勇气，带领人们向一切美好事物奔去的人，便是偶像；那在世间放射千古光芒的，是偶像的力量，生生不息。

机会偏爱有准备的人

愚者错失机会，智者善抓机会，成功者创造机会

述：机会对于有准备的人来说，是通向成功之路的加速器；对于缺乏准备的人来说，却是一个五彩斑斓的肥皂泡，在你还沉浸在获得机会的兴奋之中时，它却瞬间幻灭，给你致命一击。如果说成功确实有偶然性，机会也只会偏爱有准备的人。

评：姜子牙磻溪垂钓数十载才迎来文王，后辅佐周武王建立了周氏王朝。试想，姜太公成就的取得难道仅仅是因为与文王的偶遇吗？非也，其实他在机遇到来之前早已胸中韬略万千，早已做好把握机遇的准备。

有的人把科学家的重大发现、发明归结为偶然的机遇，这实在是一个谬误。试想，如果费莱明对葡萄球菌没有经历数年的研究，或者毫不在意地把发了霉的培养液倒掉，他还能成为青霉素的发现者吗？试想，爱迪生如果不是一直倾心于灯丝研究，用上千种材料做无数次试验，又怎能发现适合做灯丝的钨呢？

现实生活中有些人总是坐着等机遇，躺着喊机遇，睡着梦机遇，殊不知，即使机遇真的来到身边，他也难以把握和利用，有时候甚至连发现都发现不了。世界上最可悲的一句话就是："曾经有一个非常好的机会，可惜我没有抓住。"其实，机会对我们所有人都是平等的，它可能降临在我们每一个人身上，但能否抓住机遇，关键在于我们知识、文化、思想、心理、身体以及经验等多方面的准备！

愚者错失机会，智者善抓机会，成功者创造机会。朋友，面对人生种种机会，你，准备好了吗？

等待机会，不如创造机会

也谈“伯乐相马”

述：千里马的故事流传千古，但我们认为，千里马需要伯乐的赏识，但更需要的是毛遂自荐的勇气和自信，勇于展露自己的才华，才能实现自身的价值。

评：在现实社会中，千里马常有而伯乐不常有，一匹真正的千里马，不应一生都活在等待中，而是应主动出击、创造机会。古时候，杜甫、陶渊明等文学家仕途不顺，有才华却无处施展，但还是名垂千古。究其原因，不是因为他们偶遇伯乐，而是靠自己的努力和勇气，坚守着最初的信念，才得到最后的成功。

所以，身处知识爆炸、思想多元、传播迅猛的现代社会的我们，不能一味地等待机会出现，而要学会自己去创造机会，把握机会，靠自己的拼搏去打造一片天地！

朋友们，既然是千里马，为什么一定要守株待兔呢？让我们主动出击，迎接挑战，把握机遇，实现梦想！

自弃者扶不起，自强者击不倒

自弃者扶不起　自强者击不倒

述：鲁迅先生有言：“真的勇士，敢于直面惨淡的人生，敢于正视淋漓的鲜血。”而逃离现实、选择放弃的人，就是一个懦夫。

评：杜牧曾咏：“江东子弟多才俊，卷土重来未可知。”西楚霸王项羽兵败垓下，拒绝了接他过江的小船，以自刎的方式结束了生命。本可退一步卷土重来，而他却感叹：“此天之亡我，非战之罪也！”自我放弃的他，注定不可能有绝处逢生的惊喜。

奥斯特洛夫斯基可谓真的勇士。23岁时因关节硬化而卧床不起，24岁时双目失明。面对命运的不幸，他自立自强，读完了函授大学的全部课程，用一颗为革命事业奋斗的炙热之心写就了《钢铁是怎样炼成的》。

自弃者扶不起，自强者击不倒。理想之路总是为有信心的人预备着。有希望的地方，痛苦也成欢乐；有梦想的地方，地狱也成天堂。

磨难之后的感悟

磨难——人生的财富

述：有句话是这样说的："上帝曾创造风景，亟待世人观赏，而世之奇伟、瑰怪、非常之观，常在险远，人之所罕至也，这也正是对行路者的考验。"虽不赞成片面夸大逆境的作用，但是磨难常常造就英才，这倒是真的。

评：失聪的贝多芬，艰难"跋涉"于黑白键上，用手指重重地敲响了神圣的《命运》之门，挥洒出音乐家顽强与厄运抗争的辉煌乐章。司马迁忍受宫刑之痛完成了历史巨著《史记》；周文王在拘禁中写成《周易》。"天将降大任于是人也，必先苦其心志，劳其筋骨"，磨难的价值，挫折的意义，在什么地方以什么形式体现出来，古今中外的优秀人物都为我们做出了完美诠释。

磨难是人生的财富。我们在学习经历中，也曾遭遇各种失败，而正是这些经历，让我们发现了不足，积累了经验，增加了动力，激发了潜能，成为更优秀的自己；也让我们在未来的人生历程中，更懂得戒骄戒躁、奋力拼搏，更懂得即使身处低谷也要勇敢站起来，迎接人生的重重挑战。

我很欣赏奥斯特洛夫斯基的一句话："人的生命，似洪水在奔流，不遇着岛屿、暗礁，难以激起美丽的浪花。"人生总是从平坦中获得的教益少，从磨难中获得的教益多；从平坦中获得的教益浅，从磨难中获得的教益深……因此，若想做一个非常平凡的人，则是磨难少一些更好；若想做一个出类拔萃的人，则不妨多经历些磨难。

如何看待创新

创新，引领发展的第一动力

述：从偏旁部首上理解“创新”，“创”用“刀”，“新”用“斧”（斤字古义为斧），即大刀阔斧之意，喻义为大刀阔斧地破旧立新。

评：创新兴则国家兴，创新强则国家强，创新久则国家持续强盛。纵向看，500 年来，世界经济中心几度迁移，背后的重要力量就是创新。科技创新在哪里兴起，发展动力就在哪里迸发，发展制高点和经济竞争力就转向哪里。横向看，进入 21 世纪以来，新一轮科技革命和产业变革孕育兴起，世界主要国家争相寻找科技创新的突破口，抢占未来发展先机。激烈竞争中，唯创新者进，唯创新者强，唯创新者胜。

我们曾看到，神舟飞天、嫦娥探月，创新缔造中国高度；蛟龙入水、海上钻探，创新成就中国深度；高铁飞驰、天河运转，创新缔造中国速度。但我们也不得不承认，中国产业层次偏低，劳动密集型、低技术含量的产业占主导地位，核心技术仍然受制于人。创新驱动，已成为现阶段中国发展的核心战略之一。身为学生的我们，当前应该承担起我们的责任——努力求学，增强知识和能力储备，终有一日，我们将成为中国创新科技的中坚力量！

约束——为了飞得更高

约束克制方能铸就人生

述：约束，是为了飞得更高。就好比风筝，挣脱了线的束缚只能下落，正是有了约束它才能飞得更高。人生亦是如此，需要一定的束缚才能走得更远。

评：约束是限制，却并不是囚禁，它只是为了防止我们过度自由，同时也是促进我们严谨、成功的苦口良药。战国时苏秦为克制自己睡觉的欲望，用锥子刺大腿使自己清醒；东汉时孙敬用绳子把头发系在房梁上来防止瞌睡，从而刻苦学习。前者成了战国时期著名的纵横家，后者成为通晓古今的大学者，这都是约束给人带来的成功。

有时候，我们年轻人也会抱怨：为什么父母什么都管？为什么学校给我们这么多束缚？但我深知，人缺少了管制与约束就会自我放纵，特别是我们还处于心智并未完全成熟的年龄，父母和学校如果给予太多的自由，就可能导致我们懈怠甚至堕落。

溺爱如水，泛滥则覆舟，过度自由只会加速灭亡。过度自由带来弛懈放纵，约束克制方能铸就人生。

人生处处是考场

用心应考　收获人生

述：人生的舞台是广阔丰富的，处处布满了考场，或是对知识、对能力的考试，或是对道德、对心态的考试。当我们成为社会学意义上的"人"的那一天，这些考试就已经开始了。

评：前几天看到的一篇报道让我感触颇深。一家公司招录职员，经过筛选确定了三个人作为最后选择对象。几天后，其中一人接到公司发来的邮件通知他落选了，但附赠他一张公司产品的优惠券。接到邮件那一刻他非常失望，但仍为公司的诚意所感动，顺手花了两分钟时间给公司回复了一封简短的感谢信。一星期后，他收到了公司的录用通知，才明白上次的邮件其实是公司的最后考题，公司同样给另外两人发了邮件，但回信的只有他一人。他能成功胜出，缘于他那封用两分钟完成的感谢信。

是的，人生处处是考场。不要对那些举手之劳报以无所谓的态度，让我们认真对待生活中的每一次际遇，只有用心应考，才能收获人生。

世界上最大的容器是胸怀

习惯包容与体谅

述：比大海宽广的是天空，比天空辽阔的是人的胸怀。

评：古人说，将军额上能跑马，宰相肚里能撑船。胸怀开阔不只是能够原谅“得罪”自己的人，还应该无论身处顺境、逆境，都保持远大的理想抱负。蔺相如对廉颇的宽容，迎来了“将相和”的美谈；鲍叔牙对管仲的知遇和推崇，让“管鲍之交”成为代代流传的佳话。

一个拥有宽阔胸怀的人，不仅能悦纳他人，还能够悦纳自己。在日常的工作与生活中，我们难免与他人发生一些小摩擦或小误会，如果习惯换位思考，充分考虑到对方的感受，我们就能多一分包容与体谅。体谅是一种发自内心的理解，实际上是自我心理的解脱和排遣。换个角度来讲，你体谅了别人，就等于释放了自己，改善了自己的心境。

让我们拥有宽广的胸怀，多一分体谅与包容，少一分指责和伤害。你会发现，这是实现幸福的一条重要途径。

自信与自负

自信而不自负

述：自信，即相信自己。自负，指过高地估计自己。

评：自信与自负仅一字之差，但意思相去甚远。自信的人对自己的能力有正确的判断和把握，不断给自己加油鼓劲，最终走向成功；而自负的人对自己的能力估计得过高，在竞争中容易轻视对手，不把对手放在眼里，最终招致失败。

自信的人通常是理性的，他们在感性认识的基础上借助思考、判断、推理形成对事物本质和内部联系的正确认识，继而找到解决问题的正确方法。日本世界级指挥大师小泽征尔，曾参加一次指挥家大赛，而评委交给他的是一张精心“设计”过的乐谱，小泽征尔在演奏过程中发现了这个不和谐的地方，于是果断地停止了指挥。当在场的几百名国际权威人士纷纷表示乐谱没有问题时，他仍然坚信自己的乐感，大吼一声：“不，一定是乐谱错了！”就是这声自信的呐喊，为他赢得了大赛的冠军以及全场经久不息的掌声，也赢得了他在指挥艺术上的一个又一个奇迹。

而自负的人通常脱离客观实际，只凭主观臆断去对待千变万化、纷繁复杂的事务，认为自己什么都正确。西楚霸王项羽由于自负而垓下惨败，关云长因自负而痛失荆州，拿破仑因自负而兵败滑铁卢……自负实质是无知的表现，是成功路上可怕的拦路虎。自信是成功的必经之路，也是到达成功最短、最有效的途径。让我们沿着自信之路走向成功吧！

细节决定成败

细节决定成败　平凡成就伟业

述：古人说得好：“泰山不拒细壤，故能成其高；江海不择细流，故能就其深。”所以，细节决定成败。

评：海尔公司砸冰箱的故事广为人知。为保证产品合格率，海尔公司下了一条死命令，如在出厂检验中发现哪台冰箱不合格，就责令该冰箱不合格环节的生产工人亲手抡锤砸掉产品。这条制度刚下来时，很多人不理解也不明白，尤其是当第一批因为一点点细节而沦为不合格的冰箱被当众砸个稀烂时，很多员工还抱怨，认为即使让员工低价回购也比砸烂划算。但张瑞敏坚持了海尔对完美的“苛求”，当那些不完美的冰箱被当众砸毁之时，注重细节、追求品质的文化却像烙印般牢牢打在了每个海尔员工心中。海尔为追求完美付出了代价，但换回的是今天畅销几十个国家，屹立全球500强之林中的世界级品牌。

老子曾有哲语："治大国若烹小鲜"，喻义做大事业必须注重细微做好小事。我们应秉持"细节决定成败"的理念，无论在当前的学习，还是在今后的工作中，都立足小事，注重细节，脚踏实地，坚实走好人生每一步。

未来在你脚下

抬头仰望星空　低头脚踏实地

述：人生是一个永恒的话题，未来之路总让人无限憧憬。不同的人生有不同的选择，未来之路只能在自己脚下。

评：墨守成规或许会让人觉得路途轻松，但一生庸庸碌碌已是注定的结局。而那些成功登上巅峰的人，他们选择的都不是坦途，而是不寻常的道路。如果牛顿认为苹果从树上掉下来是天经地义的事情，万有引力定律怎么能够发现？

不仅要选择充满创新与挑战的未来之路，还需要脚踏实地地走好每一步，才会离理想的未来越来越近。爱迪生发明电灯，千百次地进行试验，孜孜不倦，废寝忘食，终于取得了成功，开创了人类科学史上的新纪元；李时珍编写《本草纲目》，几十个春秋，不厌其烦地观察记录，终于完成了浩繁的工作，使《本草纲目》成为中华医学史上熠熠生辉的瑰宝。

抬头仰望星空，低头脚踏实地。我们既要着眼长远，科学规划未来，树立远大理想，更应立足当前，坚实走好人生每一步，凭着自己的智慧、勤奋与坚韧，创造美好的未来。

有些路走过了才会明白

不曾走过　怎会懂得

述：人生是什么？人生犹如一段未知的旅程，每个人都在开辟属于自己的人生路。人生旅途上有些什么风景，只有亲自走过了才会明白。

评：人生之中，有的路柳荫匝地，有的路落英缤纷，有的路表面遍布荆棘转角却柳暗花明，有的路看似平坦宽阔却暗藏埋伏。在漫漫长途中，我们路过迷惘，路过失望，路过欣喜，路过淡然，路过一切繁华消殆的时光。最初，谁没在青春的路口彷徨过？后来，谁没在前行的道路中走岔过？再后来，谁没在人生的弯道上彻悟过？它蹉跎了我们，也沉淀了我们，曾让我们欣喜若狂，也曾让我们痛哭流涕。我们走过的弯路也好，受过的疼痛也罢，都是我们珍贵的财富。因为走过，我们愈发懂得。

作为青少年，我们的人生旅途才刚刚启程，虽然前路会有崎岖坎坷，但我们不会迷茫不会彷徨，因为我们已经为自己选择了一条适合自己的路，那么就勇敢地拼搏，并享受这条路上的风景吧，活出无悔的人生！

忍让与宽容

忍让宽容带来弛懈放纵　鞭挞指正方能铸就人生

述：忍让与宽容，像冬天里的温暖阳光，能让每一寸土地都洋溢着温馨；又像茫茫沙漠中的一片绿洲，让艰苦跋涉的人都充满希望。在现实生活中，忍让与宽容自然受人们喜爱；与之相反，鞭挞与指正往往让人难以接受。而在我看来，鞭挞指正比忍让宽容更有必要。

评：接纳别人的鞭挞指正就如在磨破的袖口缝上补丁，对流血的创面清洗消毒，丑陋与疼痛在所难免。但也唯有丑陋与疼痛，才能使人刻骨铭心，在光明的道路上走得更远。唐太宗诚纳魏征的直言进谏方成太平盛世，汉武帝因有东方朔的直言不讳成就千古英名。是他人的鞭挞，成就了他们的伟业！反观之，商纣王剖出比干的七窍玲珑心以缄其口，刘阿斗不听诸葛亮的劝谏而乐不思蜀。拒绝接受鞭挞指正，终使他们毁掉手中唯恐失却的权力与地位。林肯曾说："要感谢那些肯对你说实话的人。"是的，对你进行严格要求与约束的人，才是真正爱护你的人；那些点出你失误的话，才是真正促进你发展的话。

忍让宽容如水，但泛滥则覆舟。所以朋友，在苛刻地审视你的目光中抬起头吧，因它铸就的是你潮平岸阔的锦绣前程。请时刻谨记：忍让宽容带来弛懈放纵，鞭挞指正方能铸就人生！

承诺与兑现

既要说得响亮　更应做得漂亮

述：人无信不立。一旦向别人承诺，就要言必信，行必果。承诺是一种责任、一种担当，我们既要说得响亮，更应做得漂亮。

评：信守承诺之人，往往具有极大的人格魅力。曾记否，曾子杀猪、商鞅变法？杀猪事小，可若没有小事也讲诚信的品质，曾子，还会是那个纵横诸子百家的曾子吗？若商鞅未能兑现"移木者赏百金"的承诺，变法还能成功吗，秦国还能一统天下吗？

在当代社会，信守承诺更是一张为社会所接受和认可的名片。建筑工程承包商孙水林、孙东林两兄弟，20 年来不曾欠过工人一分钱。2009 年底，哥哥为赶在年前给农民工结清工钱，在返乡途中遭遇车祸，弟弟为了完成哥哥的遗愿，在大年三十前一天，将工钱送到了农民工的手中。他们的故事感动中国，兄弟俩被人们称为"信义兄弟"。

言行一致者，表里如一，言出行随。无论为人、待友、治国，坚守诚信之心，信守承诺、兑现承诺，都是必不可少的。唯此，此生为人才能不妄，人格魅力才能久存。

阳光就在拐弯处

没有光明，阳光就在拐弯处；此路不通，出路便在曲径头

述：有些时候，当我们的目标以目前的条件还无法实现的时候，不要死心眼，要学会拐个弯儿；当不幸降临的时候，并不意味着路已经到尽头，它可能是在提醒我们该拐弯了。事实上，很多时候，曲径往往通幽；此处黑暗阴冷，但阳光就在拐弯处。

评：陶渊明仕途不顺，失去荣华富贵的他选择安居乡野潜心文学创作，成为流芳千古的田园诗人；主演《超人》的好莱坞巨星李维在因意外事故高位截瘫后，积极复健，选择了另一种工作方式，最终成为优秀的导演、作家和慈善大使。

人生中很多事情都不是个人意志所能决定的，付出并不等于收获，百分百的努力无法保证百分百的成功，重要的是在遭遇瓶颈与挫折时，我们怎样面对。只有内心拥有拐弯的认识，才能在生活中学会拐弯。挫折的另一面往往是转折，危机之中暗含转机，人生有很多选择，我们没有必要一条道跑到黑。路到尽头，恰当拐弯，也许就能重新找到幸福的方向。

人生难超越的高度是自己

不断攀登超越　做更好的自己

述：世界上最高的山峰不是珠穆朗玛峰，而是人自身，因为一个人最难超越的是自己。不断自我超越，才能提升自己人生的高度。

评：人在不同阶段会有不同的追求，目标也在不断调整，而不断增强的自信心正是努力奋斗的最好回馈。所以，要想塑造一个真正的自我，请打破内心固有的“心理高度”，坚持、努力，不断超越自己。嗓

音细弱、天生口吃的德摩斯梯尼寻求自我突破，历经多年训练，终成古希腊著名的政治家和雄辩家；乌克兰跳高名将布勃卡一次次打破自己创造的世界纪录，成为全世界公认的“空中飞人”。当他们站在一个又一个新的高度，看到的是一个又一个不同的世界，回首过去，无论沿途是荆棘还是花朵，无论走过的是泥泞还是坦途，都是动人的历程。

诚然，追梦之路不可能一片坦途，要想超越自己，唯一方法就是奋斗。追梦路上，我们有一条路不能拒绝，那就是成长的路；而有一条路请不要选择，那就是放弃的路。遇到挫折时，请客观地认识自己，总结经验，改善调整，继续攀登前行。

我们应该时常这样提醒自己：“每个人都是一座山，世上最难攀越的山，其实是自己。往上走，即便一小步，也有新高度。不断超越自己，做更好的自己，我能!”

二、即兴评述部分试题

1. 千里之堤，毁于蚁穴
2. 得之淡然，失之坦然
3. 千里之行，始于足下
4. 真金不怕火炼
5. 谣言止于智者
6. 当局者迷，旁观者清
7. 不以成败论英雄
8. 路漫漫其修远兮，吾将上下而求索
9. 失之东隅，收之桑榆
10. 水能载舟，亦能覆舟
11. 狭路相逢勇者胜
12. 我看“孟母三迁”
13. 无志者常立志，有志者立长志
14. 仰不愧天，俯不愧人，内不愧心
15. 铭记历史，开创未来
16. 勿忘国耻，珍爱和平

17. 长征永远在路上
18. 谈谈长征精神
19. 绿——生命的颜色
20. 地球的苦恼
21. 谈谈环保意识
22. 警惕大自然的报复
23. 给子孙后代留下一片蓝天
24. 平凡铸就伟大
25. 让文明随我传递
26. 雷锋精神在我心中
27. 诚信——为人之本
28. 让爱充满人间
29. 我与献爱心活动
30. 山高人为峰
31. 以人为镜，可以明得失
32. 小赢靠智，大赢靠德
33. 拯救地球绿色，刻不容缓
34. 生活的理想，是为了理想的生活
35. 我看青年人成才的关键
36. 有爱就有明天
37. 一个梦，一群人，一起走
38. 帮助别人，快乐自己
39. 一代人的精神，几代人的传承
40. 有坚持才有收获
41. 时代成就梦想
42. 同理想，共奋斗
43. 有信念才有希望
44. 青春与烦恼
45. 良好的习惯是成功的基石
46. 守卫精神的火种

47. 坚持正能量，人生不畏惧
48. 磨难之后的新生
49. 真诚是一粒顽强的种子
50. 让明天更有希望
51. 树新风，从现在开始
52. 谈谈我所认识的“身残志坚”的人
53. 谈谈改革开放与强国之路
54. 谈谈“留守儿童”这个社会现象
55. 谈谈对“空巢老人”的看法
56. 谈谈对“天天3·15”消费者日的看法
57. 谈谈立人之本
58. 谈谈“网络阅读”与“传统阅读”
59. 谈谈民俗
60. 谈谈慈善事业
61. 尊重别人，也是尊重自己
62. 一种值得称颂的美德——谦虚
63. 讲和谐，从我做起
64. 优秀是一种习惯
65. 有拼搏，才有超越
66. 宽容比惩罚更有力量
67. 我看天时、地利、人和
68. 心中时时有春天
69. 抱怨不如行动
70. 每一次磨难都是成长的一次机会
71. 如何看待家庭暴力
72. 文明——城市之魂
73. 勤俭，从我做起
74. 别让成长丢失信仰
75. 良好的习惯是成功的基础
76. 恪守信誉方能立足

77. 口碑是最好的广告
78. 节约无小事
79. 感悟生命
80. 成功往往不在第一次
81. 不和别人比幸运，要和别人比执着
82. 感谢别人提出了我的缺点
83. 有一首歌曲，百唱不厌
84. 价值无处不在
85. 创新引领未来
86. 你心中的田园城市
87. 梦想与幻想
88. 最让我感动的时刻
89. 不为失败找理由，要为成功找方法
90. 学习成就人生
91. 读书的快乐
92. 知识改变命运
93. 阅读的魅力
94. 与书籍做朋友
95. 阅读是心灵的美容师
96. 走进汉字的圣殿里
97. 我看艺术类专业“报考热”现象
98. 我考播音与主持艺术专业优势分析
99. 我对素质的理解
100. 不断提升自己的内涵
101. 我理解的师生关系
102. 谈谈你心目中的大学
103. 谈谈你对主持人这个职业的看法
104. 我最喜爱的广播（电视）节目
105. 我爱我的母语
106. 平凡的价值

107. 人生难超越的高度是自己
108. 你如何理解“代沟”
109. 谈谈“外在美”与“内在美”
110. 谈谈“成动”与“努力”
111. 谈谈“顺境”与“逆境”
112. 谈谈“动力”与“压力”
113. 未曾失败的人，恐怕也未曾成功过
114. 创造机会的人是勇者，等待机会的人是愚者
115. 挫折其实就是迈向成功应缴的学费
116. 智慧总是在孤独中生根
117. 人生因挫折而精彩
118. 改变自己，才能改变别人
119. 简单并不代表容易
120. 沟通才能理解
121. 分享快乐，分担痛苦
122. 忍让不是吃亏
123. 由大海想到的
124. 星星之火，可以燎原
125. 陪伴父母是最好的孝心
126. 有一种风景叫文明
127. 学做父母的贴心拐棍儿
128. 切莫忽视生活中的“小”
129. 如何看待生活中羡慕、嫉妒、恨的现象
130. 网迷是病态
131. 奢侈品消费群体年轻化之我见
132. 喂养宠物与公共道德
133. 你对某些富二代“炫富”的看法
134. 公共汽车与私家车
135. 怎样看待整容
136. 谈谈你对父母是孩子最好的老师的看法

137. 谈谈你对“名人效应”的看法
138. 谈谈你对“棍棒底下出孝子”的看法
139. 谈谈你对“感恩的心”的看法
140. 谈谈你对“民族的就是世界的”看法
141. 谈谈你的择友标准
142. 谈谈你对“慈母手中线，游子身上衣”的看法
143. 谈谈你对“可怜天下父母心”的看法
144. 谈谈你对素质教育的看法
145. 谈谈你对国学教育的看法
146. 谈谈你对家长陪读的看法
147. 谈谈你对名牌效应的看法
148. 谈谈你对作秀行为的看法
149. 谈谈你对网络安全的看法
150. 谈谈你对未婚适龄青年被催婚的看法
151. 谈谈你对网约车、“驴的”现象的看法
152. 谈谈你对旅游消费的看法
153. 谈谈你对时尚的看法

第二章

读文评述

听读文评述

“读文”的内容一般可以分为新闻类稿件和散文类作品。这里介绍的“读文”主要指散文类作品。

“评述”则是对作品中所涉及的人物、情景、风貌、事件等，直接表达出自己的一种态度、一种情感、一种观点、一种立场，从而揭示出客观事物的本质特征，使感性的认知提升到理性的高度，使作品的主题得到进一步升华，使其表达的内容产生更大的感染力和舆论的引导力。在“评述”的口语表达过程中，一定要突出主题、层次分明、重音突出、逻辑严谨、晓之以理、动之以情。

对于播音与主持艺术专业的学生以及经常使用汉语普通话进行口语表达、交流、创作的播音主持爱好者来说，用什么样的思维模式来进行表达是十分重要的问题。是形象思维模式，还是逻辑思维模式？这两种思维模式又怎样使用在不同的文体作品之中？

形象思维就是用形象说话，用长期在脑海之中储存、积累的形象素材来激发感情，从而在口语表达过程之中达到丰富、具体、以情动人的目的。总之，形象思维就是“寓思维于形象之中”。

逻辑思维就是用事实说话，用科学的判断、严格的推理、层层的分析、步步的比较，揭示事物的本质特征和事物展现出来的规律性特征，从而在口语表达过程之中达到引导、说服、以理服人的目的。

总之，读文和评述是锻炼和提升形象思维和逻辑思维的重要方法。

第一节　读文评述概述

一、读文评述的概念

读文评述即先“动之以情”地朗读散文片段，后“晓之以理”地根据散文片段提炼出来的主题思想进行评述，以达到升华主题、引导舆论、教育受众目的的一种表达形式。

二、读文评述的核心——读文与评述的关系

1. 读文。读文的内容一般可以分为新闻类稿件和散文类作品，这里介绍的“读文”主要指“散文类作品”。散文泛指诗歌、小说、戏剧以外的文学体裁。其特点是“形散”而“神凝”，意境深邃而重在创意，文辞凝练而富于文采。所以，在朗读散文片段的过程中，一定要在理解作品的基础之上，展开丰富的想象，借景抒情，使其情景、画面再现风采，声情并茂。

2. 评述。评述泛指对作品中所涉及的人物、情景、风貌、事件等，直接表达出自己的一种态度、一种情感、一种观点、一种立场，从而揭示出客观事物的本质特征，使感性的认知提升到理性的高度，使作品的主题进一步得到升华，使其表达的内容产生更大的感染力和舆论引导力。

3. 读文与评述的关系：

（1）根据分析，不难理解读文是为评述进行铺垫，是为评述提供的依据，提供分析、判断的内容；而评述才是读文的终结，是读文的升华，所以也是读文的核心。

（2）读文与评述是顺理成章、水到渠成、相应生辉的关系。读文以情动人、声情并茂，评述以理服人、循循善诱。两者默契融合、互相渗

透，才能达到感动受众、引导受众、教育受众的目的。

第二节　读文评述的训练与表达

一、读文评述的训练意义

首先，读文评述是朗读与说话紧密结合、相互依托的一种表达方法，而朗读与说话正好吻合了播音与主持艺术专业“有稿能播”和“无稿能说”的培养目标。所以，读文评述是相关专业学生必须掌握的基本表达方法。

其次，读文评述是“以情动人”和“以理服人”兼而有之的一种表达方法，是培养学生快速转换思维逻辑的一种好方法。

最后，读文评述是形象思维与逻辑思维紧密结合的一种表达方法，是培养学生再现情景、以情动人、声情并茂和判断准确、观点鲜明、逻辑严谨地表达的好方法。

二、读文评述与思维训练

读文评述对于播音与主持艺术专业的学生以及经常进行有声语言表达、交流和再创作的相关爱好者来说，至关重要——不仅要知道“怎么说”，更重要的是知道“说什么”。语言是思维的外化，哪怕很简短的读文评述都是复杂的思维方式的集合呈现。在读文评述的学习与表达中，要运用的思维方式包括形象思维、逻辑思维、发散思维、逆向思维、辩证思维等，其中居于核心地位的是形象思维和逻辑思维。

1. 形象思维指用形象说话，用长期在脑海之中储存、积累的形象素材激发自己的情感，从而在有声语言的表达过程之中达到丰富、具体、以情动人的目的。总之，形象思维就是“寓思维于形象之中”。

2. 逻辑思维指用事实说话，用科学的判断、严格的推理、层层的分析、步步的比较，具体而生动地揭示事物本质特征和事物展现出来的规律性特征的一种思维模式。逻辑思维在有声语言的表达过程之中，可以达到引导、感染、说服、以理服人的目的。

三、读文评述的原则

1. 散文类作品具有以下特点：文字流畅舒展、细腻生动，抒情、叙事、描写、议论相辅相成、生动鲜明。因此，在朗读散文片段时，要区别对待不同类型的散文内容和不同的语体表达并采用对应的方法进行表达。

（1）对于叙事性语言类作品：朗读时要舒展平和、情真意切，声音要明朗轻柔、娓娓动听；

（2）对于描述性语言类作品：朗读时要生动和谐、自然贴切、再现情景；

（3）对于抒情性语言类作品：朗读时要自然流畅、语调柔和、由衷而发、亲切感人；

（4）对于议论性语言类作品：朗读时要观点明确、重点突出、晓之以理、循循善诱。

总之，读文应充分把握不同的主题思想、不同的情感风貌、不同的风格特点，恰如其分、准确鲜明、以情带声、生动感人地将感情基调充分、自如地表达出来。

2. 评述要根据读文提供的主题思想和重点内容有的放矢地展开。要抓住读文的主题思想，理清读文的逻辑结构，分清读文的层次内容，构思评述的话语论点，找出评述的话语程序，顺理成章、恰如其分地进行评述。

评述的语言表达则要求观点鲜明、态度明朗、逻辑严谨、语气坚定、重点突出，掌握好“有理、有据、有节”的表达原则。所谓“有理”就是观点正确、坚定有力、感情充沛、节奏明快；所谓“有据”就是用事实说话，因势而发、因事而感、因事利导；所谓“有节”则是虽“击中要害”，但又有分寸、有节制，循循善诱、晓之以理、动之以情。

3. 读文评述的表达原则：

（1）根据“读文”内容，确定“主题”思想；

（2）根据“主题”思想，选择典型“事例”；

（3）根据典型“事例”，归纳升华“主题”。

三步：确定主题——选择事例——归纳升华

第三节　读文[①]评述范例及部分试题

一、名家读文范例

秋天的怀念

作者：史铁生

朗读者：秦言

双腿瘫痪后，我的脾气变得暴怒无常。望着望着天上北归的雁阵，我会突然把面前的玻璃砸碎；听着听着李谷一甜美的歌声，我会猛地把手边的东西摔向四周的墙壁。母亲就悄悄地躲出去，在我看不见的地方偷偷地听着我的动静。当一切恢复沉寂，她又悄悄地进来，眼边红红的，看着我。“听说北海的花儿都开了，我推着你去走走。”她总是这么说。母亲喜欢花，可自从我的腿瘫痪以后，她侍弄的那些花都死了。“不，我不去!”我狠命地捶打这两条可恨的腿，喊着，“我可活什么劲!”母亲扑过来抓住我的手，忍住哭声说：“咱娘儿俩在一块儿，好好儿活，好好儿活……”

可我却一直都不知道，她的病已经到了那步田地。后来妹妹告诉

① 本节所选文章多为节选，有改动。

我，她常常肝疼得整宿整宿翻来覆去地睡不了觉。

那天我又独自坐在屋里，看着窗外的树叶“唰唰啦啦”地飘落。母亲进来了，挡在窗前：“北海的菊花开了，我推着你去看看吧。”她憔悴的脸上现出央求般的神色。“什么时候?”“你要是愿意，就明天?”她说。我的回答已经让她喜出望外了。“好吧，就明天。”我说。她高兴得一会儿坐下，一会儿站起：“那就赶紧准备准备。”“哎呀，烦不烦？几步路，有什么好准备的!”她也笑了，坐在我身边，絮絮叨叨地说着：“看完菊花，咱们就去‘仿膳’，你小时候最爱吃那儿的豌豆黄儿。还记得那回我带你去北海吗？你偏说那杨树花是毛毛虫，跑着，一脚踩扁一个……”她忽然不说了。对于“跑”和“踩”一类的字眼儿，她比我还敏感。她又悄悄地出去了。

她出去了，就再也没回来。

邻居们把她抬上车时，她还在大口大口地吐着鲜血。我没想到她已经病成那样。看着三轮车远去，也绝没有想到那竟是永远的诀别。

邻居的小伙子背着我去看她的时候，她正艰难地呼吸着，像她那一生艰难的生活。别人告诉我，她昏迷前的最后一句话是：“我那个有病的儿子和我那个还未成年的女儿……”

又是秋天，妹妹推着我去北海看了菊花。黄色的花淡雅，白色的花高洁，紫红色的花热烈而深沉，泼泼洒洒，秋风中正开得烂漫。我懂得母亲没有说完的话。妹妹也懂。我俩在一块儿，要好好儿活……

大雪中的中国

作者：欧震

朗读者：谢东升、赵霞

雪落在中国的土地上但是
寒冷是封锁不住中国的
那傲立在群峰之中的树根
深深扎在岩石缝里的苍松
他们已经存活了百年、千年

他们已经习惯了突降的风暴
飞渡的乱云、冷酷的严寒
他们的枝干挂满了冰凌
如张开翅膀的银色羽毛
仿佛要等着明天的太阳一起出发
一起飞翔
在冰雪覆压的原野上
是无数的匆匆行走的中国人的脚印
那一行又一行晶莹的诗句
和无数条道路一同铺展、延伸
你能从他们挥发的汗水
和永不弯曲的脊梁上
感觉到他们的热血从未冷却
你能感觉到这片土地上涌动的滚滚热流
它们呼啸着、呐喊着
万马千军不可阻挡
你似乎已经听到了大地咚咚的心跳
像激越的鼓声传向更远的地方
在寒冷的夜里
即便天黑如磐、乱雪如箭
那些长高的树木依然顽强挺立
高举着手臂拥抱着世界
每一座城市的每一条街道
每一个乡村的每一扇窗口
每一个家庭的每一个梦里
还有每一个母亲凝视孩子的目光里
都有明亮的灯火点燃我们的憧憬
增加着幸福的温度
雪落在中国的土地上
寒冷是无法封锁中国的

你看那一盏盏迎春的灯笼在风中摇摆
它们快乐地舞动着新年的节拍
高耸的大厦就像插在生日蛋糕上的蜡烛聆听着我们的歌声和祝福嫦五回家
捎带的礼物是月亮上的一抔泥土
高铁穿梭
在辽阔的大地上编织酷炫的花朵
而在雪中
最抒情的还是梅的绽放
她如此惊艳就像每一个中国人的笑容
是的，今天的中国寒冷是封锁不住的
当我站在泰山之巅蓦然回首——
哦，中国
大雪纷飞中你就是最灿烂的一朵鲜红！

满江红

作者：岳飞

朗读者：王岩平

怒发冲冠，凭栏处、潇潇雨歇。抬望眼，仰天长啸，壮怀激烈。三十功名尘与土，八千里路云和月。莫等闲，白了少年头，空悲切。

靖康耻，犹未雪；臣子恨，何时灭？驾长车，踏破贺兰山缺。壮志饥餐胡虏肉，笑谈渴饮匈奴血。待从头，收拾旧山河，朝天阙。

还我河山（再读《满江红》）

作者：罗文渤

朗读者：王岩平

为什么怒发冲冠之时，
却倾听潇潇细雨？

为什么潇潇雨歇之际，
七尺身躯静静凭栏？
啊，
脊背上刻下了“精忠报国”！
怎容许金兵渡我黄河，
肺腑中跳动着爱国忠心，
岂让你胡马践踏中原！
啊——
抬望眼，
满腔火焰，
化作了一声长啸，
化作了千年仰天长啸：
还我河山！

黄鹤楼记

作者：阎伯理

朗读者：谢东升

州城西南隅，有黄鹤楼者，《图经》云：“费祎登仙，尝驾黄鹤返憩于此，遂以名楼。”事列《神仙》之传，迹存《述异》之志。观其耸构巍峨，高标茏炏，上倚河汉，下临江流；重檐翼馆，四闼霞敞；坐窥井邑，俯拍云烟：亦荆吴形胜之最也。何必濑乡九柱、东阳八咏，乃可赏观时物、会集灵仙者哉。

刺使兼侍御史、淮西租庸使、荆岳沔等州都团练使，河南穆公名宁，下车而乱绳皆理，发号而庶政其凝。或逶迤退公，或登车送远，游必于是，宴必于是。极长川之浩浩，见众山之累累。王室载怀，思仲宣之能赋；仙踪可揖，嘉叔伟之芳尘。乃喟然曰：“黄鹤来时，歌城郭之并是；浮云一去，惜人世之俱非。”有命抽毫，纪兹贞石。

时皇唐永泰元年，岁次大荒落，月孟夏，日庚寅也。

李白故居

朗读者：王岩平

文字略。

二、读文评述范例

散文评述（30篇）

散文片段1

节选自《慢下来，静观自己的内心》

作者：余秋雨

这是一个浮躁的时代。

因此，需要深入研究如何克服自己的浮躁。这是一个根本性的社会问题，也是人心治理的关键。

对于年轻人来说，心能静下来，才华和潜能才能发挥出来，不然，一切的才华反而将束缚人的发展。

心是一切经验的基础，它创造了快乐，也创造了痛苦；创造了生，也创造了死。心的第一个层面是“凡夫心”，这是会思考、谋划、欲求、操纵的心，会暴怒的心，忧郁不定、反复无常的心。但此外，我们还有心的本性，这是永恒的，不被死亡以及任何外界事物触及。说到底，心性就是万事万物的本质。

评述：

倾听内心的独白

在浮华喧嚣的当下，很多人被不良风气侵蚀，变得急功近利、好大喜功，一味追求华而不实的外表，却忘记了审视自己的内心是否充盈美满。

古训曰：非淡泊无以明志，非宁静无以致远。每个人都会有理想和目标，但是当才华撑不起理想时，就要静下心来学习；当能力无法驾驭目标时，就要潜下心来锤炼。静心，并不是心如止水、无欲无求，更不是放弃理想、不再奋斗，恰恰是直面自我后能够怀揣一颗平静淡然的心，在追逐理想的道路上留下一串串坚实的足迹。

路遥将自己关在煤洞数年，屏蔽外界纷扰，潜心写作，最终谱写出巨作《平凡的世界》。“杂交水稻之父”袁隆平研究杂交水稻长达半个多世纪，扎根田间地头数十载，一直坚守到生命的最后。环境的宁静只能阻隔噪音，内心的宁静才能摒除一切杂念，心无旁骛、脚踏实地地去实现理想。

“在人生的道路上，如一心追逐名利权位，就没有余暇顾及其他。也许到临终‘回光返照’的时候，才感到悔惭，心有遗憾，可是已追悔莫及，只好饮恨吞声而死。一辈子锻炼灵魂的人。对自己的信念，必老而弥坚。”① 杨绛先生的这句话是劝慰，也是警示。

朋友们，请倾听内心的独白，找回内心那份久违的从容平和。

散文片段 2

节选自《储蓄人生》

作者：雁鸣

人们在吃饱穿暖之后，知道了要储蓄，以便在需要的时候支取它，借助它走出困境。每当我清点一张张金额不大但令人鼓舞的存单时，心里就有一种感悟：人生，不也是储蓄吗？

一个人呱呱坠地，便开始储蓄真情。这一储蓄会伴随他或她走过一生。他们所储蓄的，是一种血肉相连的情感，是一笔超越时空的财富，

① 杨绛：《走到人生边上》，商务印书馆，2016 年版。

无论离得多远、隔得多久，都可以随意支取和享用它们。有了亲情这笔储蓄，即便在物质上很贫困，精神上却是富有的；而不懂得或丢失了亲情的储蓄，无异于泯灭了本性和良心。

友情，也是人生一笔受益匪浅的储蓄。这储蓄，是患难之中的倾囊相助，是错误路上的逆耳忠言，是跌倒时一把真诚的搀扶，是痛苦时抹去泪水的一缕春风。真正的友情储蓄，不是可以单向支取的，而要通过双方的积累加重其分量，任何带功利性的友情储蓄，不仅得不到利息，而且连本钱都会丧失殆尽。

评述：

懂得储蓄

人的一生，就是一个不断储蓄积累的过程，言行举止中会藏着自己走过的路、见过的人、读过的书和看过的风景。人生充满未知，我们无法决定生命的长度，却可以用阅历蓄积生命的厚度。所以，我们要在有限的生命里尽可能储蓄更多有意义的东西。

杰出的新闻工作者邓拓说过："古来一切有成就的人，都很严肃地对待自己的生命，当他活着一天，总要尽量多劳动、多工作、多学习，不肯虚度年华，不让时间白白地浪费掉。"[①] 当然一味去做还远远不够，更要注重储蓄，由此邓拓还有一句话："古今中外有学问的人，有成就的人，总是十分注意积累的。知识就是积累起来的，经验也是积累起来的。我们对什么事都不应该象'过眼云烟'。"[②] 人的一生中会经历很多事，如果事事都如"过眼云烟"，就是徒劳，毫无意义。

顾炎武会随时记下读书心得，久久为功，完成了一部经年累月、积金琢玉撰成的大型学术札记——《日知录》。唐代大诗人白居易用陶罐积累诗作素材，等到资料积累充足时就开始创作，然后清空陶罐再开始新一轮的资料搜集。这些文人的日常储蓄积累犹如星星之火，点燃创作灵感的火花。"博观而约取，厚积而薄发"就是这个道理。

---

① 邓拓：《燕山夜话》，北京出版社，1961 年版。
② 邓拓：《燕山夜话》，北京出版社，1961 年版。

储蓄是一种毅力，是成功的前提，学会储蓄，让人生更丰厚！

散文片段3

节选自《吉祥鸟》

作者：林清玄

“因为乌鸦很聪明，很讨人喜欢，声音也很好听，又能维持生态的平衡，乌鸦也是极少数会反哺的鸟。”

我看着已经归化加拿大籍的朋友，真是难以想像，在他们的眼中乌鸦就好像我们眼中的喜鹊一样。在中国人眼中是凶鸟的乌鸦，在加拿大人眼中却是吉祥鸟，可见这个世界上事物的价值是因人而异的，如果改变了我们的偏见，事物的价值就改变了。

就像我在加拿大的那些日子，几乎天天都看到乌鸦，愈看愈发现乌鸦很好看，声音也很好听，飞起来也很优美，一副吉祥的样子，好像穿黑礼服的绅士。

对呀！那象征凶事的、不吉祥的是我们的心，与乌鸦有什么相干呢？

评述：

摘掉“有色眼镜”

生活中，人们往往会戴着“有色眼镜”看待一个人、一件事，而这副“有色眼镜”就是人们心中的偏见。

因为先入为主的偏见，有的人失去了判断的客观公允，只剩下主观固执，也由此滋生了地域歧视、职业歧视、性别歧视等不和谐现象。英国散文作家威廉·赫兹里特认为偏见是无知的产物。其实偏见往往比无知更可怕，它会遮蔽双眼、模糊真相，甚至害人害己。《扁鹊见蔡桓公》一文中讲述扁鹊多次提醒蔡桓公要及时就医，但蔡桓公却顽固地认为自己没有病，而且觉得医生喜欢给没病的人治“病”，以此来显示本领。然而，正是蔡桓公对医生这个职业的偏见，导致自己最后不治身亡。

其实，放下偏见，你会发现事情并不是自己想象得那样坏，甚至是很美好的。《傲慢与偏见》里主人公伊丽莎白在放下对达西的偏见后，发现达西是一个善良且有担当的男人，最终收获真爱和幸福。让人不禁感慨，你戴着什么样的“有色眼镜”看待这个世界，这个世界就是什么样的：如果“眼镜”污浊，你看到的世界便是肮脏的；如果“眼镜”清澈，你看到的世界便是明朗的。

摘掉“有色眼镜”，你才能看见真正的世界，才能发现世界原来如此美好。世界从不缺少美，而是缺少发现美的眼睛。

散文片段 4

节选自《一路好奇的人，永远像个孩子》

作者：余秋雨

一切美好的生命，都处于创造之中。

创造的主要动力是好奇。好奇，是对不同生命形态的惊讶和探询，并由此产生一种悬念之力，把已有的不同推向新的不同。

新的不同又产生进一步的惊讶和探询，于是美好的生命过程就在寻找和参与中蓬勃向前。寻找者的自身生命，也因之而生机倍增。

觉悟者一路好奇，一路寻找，一路观赏，一路欣喜，都不以占有为目的。喜欢的东西占有了，很快就失去了“好奇”，失去继续前行的动力。

评述：

珍视好奇心

好奇心与生俱来，是上帝赐予每个人的财富。婴儿呱呱落地第一次睁开眼，便对这个世界充满了好奇。随着年龄增长，人们用好奇心去揭开一层层神秘的面纱，探索未知世界的奥妙。

好奇心在科学发明中尤为重要，它是开启科学大门的钥匙，引领人们走向真理。哈佛大学第 26 任校长陆登庭在“世界著名大学校长论坛”

上说："如果没有好奇心和纯粹的求知欲为动力，就不可能产生那些对人类和社会具有巨大价值的发明创造。"牛顿因为好奇苹果从树上坠落，发现万有引力定律；瓦特因为好奇烧水时壶盖跳动，产生了对蒸汽的兴趣，最终发明蒸汽机；李四光因为好奇大石头的来源，最终发现长江流域有大量第四纪冰川活动的遗迹……古往今来，我们会发现好奇是科学家的重要特性。

我相信，始终怀揣好奇心的人一定是快乐的，因为他们始终能收获探索新事物的刺激与喜悦。如果一个人失去了好奇心，不再有惊讶的感觉，对任何事都提不起兴趣时，人生便失去了意义。无穷地探索未曾踏入的领域，不断地汲取从未了解的知识，这样度过的每一天应该都是新鲜有趣的。我国著名数学家吴文俊始终保持着对新鲜事物的好奇心，年近60岁决定从头学习计算机语言，进入一个未知的领域，尽情遨游！

永远保持好奇心的人是永远进步的人，愿我们每个人都能始终充满着对未知世界探索的热情！

散文片段5

节选自《落花生》

作者：许地山

"谁能把花生的好处说出来？"

姐姐说："花生的味儿美。"

哥哥说："花生可以榨油。"

我说："花生的价钱便宜，谁都可以买来吃，都喜欢吃。这就是它的好处。"

父亲说："花生的好处很多，有一样最可贵：它的果实埋在地里，不像桃子、石榴、苹果那样，把鲜红嫩绿的果实高高地挂在枝头上，使人一见就生爱慕之心。你们看它矮矮地长在地上，等到成熟了，也不能立刻分辨出来它有没有果实，必须挖起来才知道。”

我们都说是，母亲也点点头。

父亲接下去说：“所以你们要像花生一样，它虽然不好看，可是很有用。”

我说：“那么，人要做有用的人，不要做只讲体面，而对别人没有好处的人。”

父亲说：“对。这是我对你们的希望。”

我们谈到深夜才散。花生做的食品都吃完了，父亲的话却深深地印在我的心上。

评述：

只留清气满乾坤

“俏也不争春，只把春来报。待到山花烂漫时，她在丛中笑。”①

“她”是一群人，平凡之人，默默无闻地做着自认为平凡的事。

王继才、王仕花夫妇，一对守岛人。守护“与世隔绝”的开山岛三十二载，岛上没水没电，植物都难以存活，可是他们以岛为家，以苦为乐，涛拍孤岛岸，风颂赤子心。

李振华，一位老校长，扎根沂蒙山区 70 年，从青丝到白发，把全部的爱都给了大山里的孩子。他勤俭节约，只为攒出更多的钱去捐助。自参加工作起，他每月固定捐出一部分工资助学，累计捐款 152 万元，资助了 2400 多个孩子，铸就了“许身孺子甘为牛，赤心奉献终不悔”的“振华精神”。

其美多吉，一名邮政驾驶员，扎根雪域高原，坚守雪线邮路，圆满完成了每一次任务，将党中央的声音和一封封邮件送往雪域的各个角落，三十忠诚风与雪，万里邮路云和月。

平凡之人，却感动了全国的人民。其实，还有很多的“他”和“她”，无名亦是英雄。

“不要人夸好颜色，只留清气满乾坤。”这就是千千万万“他”和

---

① 出自毛泽东诗词《卜算子·咏梅》。

“她”的真实写照，他们几十年如一日地在平凡的岗位上默默耕耘，无怨无悔，从不炫耀张扬，以凡人之力书写着一段段传奇。

总有一种平凡，令人肃然起敬。

散文片段6

节选自《潇洒》

作者：汪国真

这个世界，真正潇洒的人不多，故作潇洒的人不少。

不过，潇洒是绝对“故作”不出来的，否则，人人都会很潇洒，世间也就没有了潇洒。

可悲复可叹的是，一些故作潇洒的人，往往自我感觉良好，以为自己真是很潇洒。

这时，他给人的感觉，宛如重温了西方人常说的一句话——我的上帝呵！

内心的潇洒是一种境界，它的极致是无我——脱尘出世；

外表的潇洒是一道风景，它的极致是有我——舍我其谁。

遗失了一件珍贵物品，只在心中懊恼片刻，便弃之脑后，这是一种潇洒。

与恋人分手，在心中惋惜了几天，便平静如初，这却不是潇洒，而是从未真正爱过。

当你刻意模仿潇洒的时候，是你离潇洒最远的时候；当你无意潇洒的时候，是潇洒离你最近的时候。

评述：

潇洒是内心真正的自由

潇洒的人生最快活！李白的“天生我材必有用”是一种自信的潇洒；郑板桥的“任尔东西南北风”是一种坚毅的潇洒；苏轼的“一蓑烟雨任平生”是一种旷达的潇洒；陶渊明的“采菊东篱下”是一种隐世的

潇洒。潇洒的形式没有标准，亦没有对错，适合自己的便是最好的。

潇洒是一种境界，不以物喜，不以己悲，始终抱着“得之我幸、不得我命”的心态，将荣辱得失、是非成败都付笑谈中。成功了，淡然一笑，不必洋洋得意、妄自尊大；失败了，一笑而过，不必气急败坏、妄自菲薄。

然而，又有多少真正潇洒的超凡脱俗之人？世人大多皆凡人，行走于形形色色的欲望间，淹没在各式各样的评价中，禁锢于条条框框的束缚里。但是潇洒的人生总是让人倾情羡慕，于是很多人便故作潇洒，时刻摆出一副“别人笑我太疯癫，我笑他人看不穿”的姿态，殊不知真正的潇洒出于内心，不是表面上可以伪装出来的。或许有人会问：潇洒如何辨别？当你故意去做一件事时，必定不是潇洒，而你无意间的举止，往往是潇洒的，因为潇洒是内心真正的自由。正如林语堂所言：“做自己的梦，走自己的路。”顺应天性，快乐洒脱。

潇洒是一道恪守在每个人心中的美丽风景，你拥有吗？

散文片段 7

节选自《我喜欢出发》

作者：汪国真

打破生活的平静便是另一番景致，一种属于年轻的景致。真庆幸，我还没有老。即便真老了又怎么样，不是有句话叫老当益壮吗？

于是，我还想从大山那里学习深刻，我还想从大海那里学习勇敢，我还想从大漠那里学习沉着，我还想从森林那里学习机敏。我想学着品味一种缤纷的人生。

人能走多远？这话不是要问两脚而是要问志向；人能攀多高？这事不是要问双手而是要问意志。于是，我想用青春的热血给自己树起一个高远的目标。不仅是为了争取一种光荣，更是为了追求一种境界。目标实现了，便是光荣；目标实现不了，人生也会因这一路风雨跋涉变得丰富而充实；在我看来，这就是不虚此生。

是的，我喜欢出发，愿你也喜欢。

评述：

在旅途中探寻生命的意义

喜欢出发的人，他的人生一定是丰富多彩、值得回味的。

明代地理学家徐霞客就是一位“出发者”，他游历考察30多年，足迹遍及大半个中国，真正用脚步去丈量祖国的大好河山，也由此创作出流芳于世的《徐霞客游记》。旅途中艰辛十足，风餐露宿，甚至出生入死，但徐霞客都没有放弃，而是整理好行囊一次次出发。因为年少时那句志言一直激励着他——“大丈夫当朝碧海而暮苍梧”。徐霞客的每一步不只在书写着自己的历史，更是书写着中国地理学的历史。

也许不是每个人都能像徐霞客这样幸运，能够在一次次旅途中完成一项意义非凡的使命。但是如果徐霞客没有迈出步伐，又怎么会有后续的奇迹！所以，要勇敢地出发，在旅途中探寻生命的意义，因为你不知道，哪条路、哪一步将会改变你的一生。等风来，不如追风去。不管前方道路多么崎岖，路途多么遥远，都比站在原点停滞不前更有意义。

登高才能望远，攀爬才能前进。即使没能攀登顶峰，无法感受“一览众山小”，也能在沿途中欣赏到“造化钟神秀”。所以，能欣赏到最美风景的人，一定是那些奔波不止的行路者。遇到荆棘与沼泽，别怕，它们的存在会为旅途风景再添一番风情。

散文片段8

节选自《恪守心灵的绿色》

作者：杨永平

心灵的绿色是原生的，也是人造的。人之初，性本善。然而不同的社会影响和生存抉择又给人不同的风雨霜雪。慢慢地，有些人的心灵成了一块龟裂的土地，没有养分的供给，再繁茂的苍松古木也会枯萎；有些人的心灵成了一个龌龊的垃圾场，再高贵的物品也会在阳光下肮脏腐臭；有些人的心灵却是一片春天，一泓甘泉，再贫瘠的境遇，也能长出青草绿树奇花来。

心灵的绿色，是一块人所恪守的精神处女地，禁受不起任何的蹂躏和亵渎。有伟人说过："生命只有宽度，没有长度，只有在宽度里发挥弹性，才能保证生命的质量。"心灵亦如此，它就像一块等待开垦的荒山，只有辛勤地耕耘、播种、浇水、施肥，才会长出绿色，长出希望，长出甜蜜。否则，荒地将一如既往地荒芜，贫瘠将一如既往地贫瘠，甚至最终被淘汰和驱逐。

评述：

走过阴暗，内心依旧明朗

人心本无染，宁静自然清。我们经常说，孩子的眼睛最清澈。眼睛是心灵的窗户，因为孩子心无杂念，所以眼睛也如一汪清水般明净。然而，人总会长大，总要经历各种人情世故、看尽各种世态炎凉，没有哪个人会一成不变地天真如白纸。难得的是一个人知世故而不世故，历圆滑而弥天真，走过了阴暗，内心依然明朗。

看过云南丽江华坪女子高级中学校长张桂梅的事迹，会明白原来这样的人真的存在。她这一生经历了种种苦楚，小时候失去了母亲，结婚后相爱的丈夫也因病离去，时至今日，她的身体也是每况愈下。可是她自己淋了雨，却想为更多人撑把伞。她创办全国第一所全免费女子高中，让 1800 多名女孩走出大山，改变命运。

心灵是一方净土，种下希望，便会春色满园；埋下污秽，便会肮脏不堪。可是我们要怎样守护心灵的纯净呢？躲到世外桃源中两耳不闻窗外事？那必然是不现实的。其实小隐隐于山，大隐隐于市，更高明的做法是在市井之中守住一分宁静，在自己的心灵净土上默默耕耘着希望，久而久之，必然是一派绿意盎然、欣欣向荣的景象。

人若净心，任世事繁华，心不留痕，亦不着迹。愿你历经人世沧桑，内心依旧纯良明净！

散文片段9

节选自《永恒的敌人》

作者：冯骥才

永生，就是生命之永恒。这是整个人类与生俱来最本能、也是最壮丽的向往。

远古人的陵墓都是用石头造的。石头坚固，能够耐久，也象征永存。然而四千五百年过去了，阿布辛比勒宏伟的神像已被风沙倾覆，尼罗河两岸大大小小几乎所有的金字塔，都被窃贼掏空。数不尽的木乃伊成为古董贩子们手里发财的王牌。不用说木乃伊终会腐烂，古埃及人决不会想到，到头来那些建造坟墓的石头也会朽烂。金字塔上的石头一块块往下滚落，斯芬克斯被风化得面目全非。这叫我想起中国人的一句成语：海枯石烂。站在今天回过头去，古埃及人那永生的信念，早已成为人类童年的一厢情愿的痴想。

永恒的敌人是什么？它并不是摧残、破坏、寇乱、窃盗、消磨、腐烂、散失和死亡。永恒的敌人是时间。时间不会无止无休地载运任何事物。时间的来去全是空的。在它的车厢里，上上下下都是一时的光彩和瞬息的强大。时间不会把任何事物变得永恒不灭，只能把一切都变得愈来愈短暂有限和微不足道。

评述：

以梦为马　不负韶华

时间是最珍贵的，也是最无情的。无论你如何努力，都无法挽留悠悠岁月的匆匆逝去，逝者如斯夫，不舍昼夜。朱自清感叹：“燕子去了，有再来的时候；杨柳枯了，有再青的时候；桃花谢了，有再开的时候。但是，聪明的，你告诉我，我们的日子为什么一去不复返呢？”面对匆匆流年，难道我们真的只能头涔涔而泪潸潸吗？

当然不，呻吟伤感只会浪费更多的时间，我们要成为时间的主宰。一生的时光终究有限，如何在有限的时间里做出更多有意义的事，是我们终生要思考的命题。在抗疫一线，出现了一个步履蹒跚的身影，他就是武汉市金银潭医院院长张定宇，他身患渐冻症却一直与时间赛跑，与新冠病毒周旋，用自己的生命守护患者的生命。在华中科技大学2020级本科生开学典礼上，张定宇动情地说："我不能延长生命的长度，但为什么不让生活更丰满呢?"

时间走得悄无声息，没有声音也没有影子，可是那些留在心底的记忆，会将那时那刻永存。细想，生活中的高光时刻，无论多久，回忆时嘴角依旧会情不自禁地上扬，那分埋藏在心底的喜悦与自豪会再次迸发。那个时刻已然过去，但是它定格在了心里，定格在了生命里，化为了永恒。让生命中的时光变得有价值，不曾虚度，你便赢了。

一声啼哭，我们赤裸裸来到这世界，但是我们不能赤裸裸回去，不能白白走这人世一遭。以梦为马，不负韶华。愿我们每个人待光阴谢幕时，都能与人间道一句：我来过，我无悔。

散文片段 10

节选自《底线》

作者：冯骥才

人总得有自己做人做事的底线。其实，这底线原本是十分清楚的。比如，人不能"见利忘义""卖友求荣""卖国求荣""乘人之危"，不能"虐待父母""以强凌弱""恩将仇报""落井投石"，还有"不义之财君莫取""朋友妻不可欺"等等。

这些古来世人皆知的底线，也是处世为人的标准，似乎在被全线突破了。

底线无形地存在于两个地方。一在社会中，一在每个人心里。如果人们都降低自己的底线，社会的底线一定下降。社会失去共同遵守的底线，世道人伦一定败坏。如果人人守住底线，社会便拥有一条美丽的水准线——文明。因此说，守住底线，既为了成全社会，也是成全自己。

然而，这两个底线又相互影响。关键是在你的底线，有时碰到低于你的底线时，你是降下自己的底线，随波逐流，还是坚守自己，洁身自好，坚持一己做人做事的原则？有人说，在物欲和功利的社会里，这底线是脆弱的。依我看，社会的底线是脆弱的，人的底线依旧可以坚强，牢固不破。

…………

人的自信是建立在底线上的。没有底线，一定会是一塌糊涂的失败的自我，乃至失败的人生。有底线，起码在“人”的层面上，获得了成功的自我与成功的人生。

评述：

心有敬畏　行有所止

评判一个人的高度，不必仰望他取得的成就，而应俯瞰他守住的底线。

底线是什么？孟子的“仰不愧于天，俯不怍于人”，是底线；文天祥的“人生自古谁无死，留取丹心照汗青”，是底线；于谦的“粉身碎骨浑不怕，要留清白在人间”，是底线；许衡的“梨无主，吾心独无主乎”，是底线；冯梦龙的“平生不做皱眉事，世上应无切齿人”，是底线。

底线，是不能再退的最后一道防线。人生路途漫漫，我们或许会迷茫、会迷路，但不能越过人性底线。底线在，即使迷雾重重走了弯路，断不会坠入万丈深渊；底线不在，即使晴空万里，心里也是一片阴森寒凉。

守住底线，就是守住人的根本。底线犹如根基，根基不稳，起高楼、宴宾客之后，定是楼塌了的悲剧。多少贪官污吏为了一己私欲，逾越为官清廉的底线，腐朽堕落；多少无良商家为了牟取暴利，践踏诚信经营的底线，肆意妄为。这些血淋淋的教训都在警示着世人：跨越底线，便是走向毁灭。

守住底线，就要对底线保持敬畏之心，时刻注意自己的言行举止是否逾矩，时刻反省自己的为人处世是否坦然。心有敬畏，行有所止。

散文片段 11

节选自《生活》

作者：汪国真

当欢笑淡成沉默，当信心变成失落，我走近梦想的脚步，是否依旧坚定执着；当笑颜流失在心的沙漠，当霜雪冰封了亲情承诺，我无奈的心中，是否依然碧绿鲜活。有谁不渴望收获，有谁没有过苦涩，有谁不希望生命的枝头挂满丰硕，有谁愿意让希望变成梦中的花朵。

现实和理想之间，不变的是跋涉，暗淡与辉煌之间，不变的是开拓。甩掉世俗的羁绊，没谁愿意，让一生在碌碌无为中度过。整理你的行装，不同的起点，可以达到同样辉煌的终点。人生没有对错，成功永远属于奋斗者。

评述：

幸福的生活是奋斗出来的

你信命吗？

我不信！我只相信命运由自己主宰，幸福的生活是奋斗出来的，定不会从天而降。路遥也这样说："生活不能等待别人来安排，要自己去争取和奋斗；而不论其结果是喜是悲，但可以慰藉的是，你总不枉在这世界上活了一场。"[①] 扪心自问，你有为自己的人生拼尽全力地奋斗过吗？

每个人都渴望精彩的人生，更是期待一生顺风顺水，毕竟没有人真的想要经历磨难。这样的"幸运儿"不能说没有，只是少之又少，更多人的生活常态是一地鸡毛，岁月静好则是片刻。但既然来这人世一遭，纵然千沟万壑，纵然荆棘塞途，也要风雨兼程！不管结果如何，我们至少为之奋斗过。

---

① 路遥：《平凡的世界》，北京十月文艺出版社，2017 年版。

如果你曾奋斗过，等回首往事时，一定不会因虚度年华而悔恨，也不会因碌碌无为而羞愧。“在人生中，重要的事情不是胜利，而是奋争。对人生来说必不可缺的东西，不是取胜，而是曾经无悔地战斗过。”①你一定会拥有一段难忘且自豪的回忆，因为奋斗的姿态是那样美，如大漠胡杨凛然不屈，如冬日蜡梅傲霜斗雪，如青山岩竹坚劲无畏……奋斗的你一定散发着光芒，不一定光辉灿烂，但一定照亮了属于自己的梦想。

请相信，当你真正为梦想而奋斗时，每一天都是缤纷的。

散文片段 12

节选自《提醒幸福》

作者：毕淑敏

幸福是一种心灵的振颤。它像会倾听音乐的耳朵一样，需要不断地训练。

简言之，幸福就是没有痛苦的时刻。它出现的频率并不像我们想象的那样少。

人们常常只是在幸福的金马车已经驶过去很远，捡起地上的金鬃毛说，原来我见过它。

人们喜爱回味幸福的标本，却忽略幸福披着露水散发清香的时刻。那时候我们往往步履匆匆，瞻前顾后不知在忙着什么。

世上有预报台风的，有预报蝗虫的，有预报瘟疫的，有预报地震的。没有人预报幸福。其实幸福和世界万物一样，有它的征兆。

幸福常常是朦胧的，很有节制地向我们喷洒甘霖。你不要总希冀轰轰烈烈的幸福，它多半只是悄悄地扑面而来。你也不要企图把水龙头拧得更大，使幸福很快地流失。而需静静地以平和之心，体验幸福的真谛。

---

① ［日］村上春树：《悉尼!》，施小炜译，南海出版公司，2012 年版。

评述：

身在福中要知福

“你幸福吗?”

这是央视做过的一个特别调查，如此简单的问题却难倒了很多受访者，因为太多的人陷入了幸福困惑。渴望幸福，却抓不住幸福，因为感知不到幸福的存在，也不知道自己过得算不算幸福。

幸福，是一个人自我满足后的情绪。为什么很多人感觉不到幸福?因为心里装满了欲望，便没有了幸福的余地。总是这山望着那山高，却从不驻足欣赏眼前的风景。幸福，是用来感觉的，而不是用来比较的。人人都有欲望，但一定要懂得知足常乐，身在福中要知福，知福惜福才得真福。

莫言获得诺贝尔文学奖后，央视记者问他是否幸福，莫言回答：“幸福就是什么都不想，一切都放下，身体健康，精神没有任何压力才幸福。我现在压力很大，忧虑忡忡，能幸福吗?但是我要说我不幸福，你就会说太装了吧，刚得了诺贝尔文学奖还不幸福。”

其实可以把幸福看得简单些：幸福，幸好福在。人生百味，在苦涩与酸楚中也总能品尝到一丝甜蜜，即使人生不如意十有八九，也总有一二是顺遂的。要知道当自己被这些突如其来的美好击中时，便是幸福悄然来临了。有人说，幸福无声无形，其实幸福是最直观可见的，那甜美的笑容，那爽朗的笑声，不都是幸福的样子吗?

幸福来时，好好珍惜，深深感受，慢慢回味。

散文片段 13

节选自《蚕是被自己的丝裹住的》

作者：毕淑敏

我们每个人都有一些茧。这些茧背负在我们的身上，吸取着我们的热量，让我们寒冷，令前进的速度受限。撕碎这茧，没有外力和机械可供支援，只有靠自己的心和爪。

茧破裂的时候，是痛苦的。茧是我们亲手营造的小世界。茧的空间虽是狭窄的，也是相对安全的。甚至一些不良的嗜好，当我们沉浸其中的时候，感受到的也是习惯成自然的熟络。打破了茧的蚕，被鲜冷的空气、闪亮的阳光、新锐的声音、陌生的场景刺激着，扰动着，紧张的挑战接踵而来。这种时刻的不安，极易诱发退缩。但它是正常和难以避免的，是有益和富于建设性的。你会在这种变化当中，感受到生命充满爆发的张力，你知道你活着痛着并且成长着。

评述：

破茧成蝶

蝴蝶的美丽，不仅在于色彩斑斓的翅膀、轻盈优美的身姿，更因为经历了破茧而出、羽化成蝶的蜕变，那些刻骨铭心的痛楚与艰辛为它的美丽增添了一分果敢。了解破茧成蝶的过程后，你会明白，蝴蝶值得所有的美丽！

可是能“破茧成蝶”的人有多少呢？我们习惯给自己编织一个个茧房，那里没有狂风，没有暴雨，但是能一直躲在这样温暖的港湾中吗？每个人都想享受悠闲惬意，只是有人是片刻，有人却妄想一辈子。

如今，很多年轻人选择“躺平”，不奋斗，无欲望，在属于自己的舒适圈里“安分守己”地过着，有人称这种状态是看尽人生后的洒脱。别再为懒惰找借口了！舒适久了，还记得飞翔的感觉吗？舒适圈无异于画地为牢，兜兜转转也走不出这半亩方塘，或许是根本不想走出。走出舒适圈，就会拥有广袤的天地，也拥有了无限可能的未来。人的潜力是无限的，逼自己一下，你会发现自己比想象中的更优秀。

三毛说：“心之何如，有似万丈迷津，遥亘千里，其中并无舟子可以渡人，除了自渡，他人爱莫能助。”[①] 鸡蛋，从外打破是食物，从内冲破是生命。人亦是如此，从外打破是无奈，从内冲破是蜕变。一层层

---

① 三毛：《送你一匹马》，北京十月文艺出版社，2011 年版。

挣扎，一次次蜕变，那些流过的泪、受过的伤，终会化成一身铠甲，助你披荆斩棘。

散文片段 14

节选自《沉水香》

作者：林清玄

沉香最动人的部分，是它的“沉”，有沉静内敛的品质；也在它的“香”，一旦成就，永不散失。

沉香不只是木头吧！也是一种启示，启示我们在浮动的、浮华的人世中，也要在内在保持着深沉的、永远不变的芳香。

浮世是水，俗木随欲望水波流荡，无所定止。

沉香是定石，在水中一样沉静，一样的香。

一个人内心如果有了沉香，便能不畏惧浮世。

评述：

守住自己的芳香

周国平说：“人生最好的境界是丰富的安静。安静，是因为摆脱了外界虚名浮利的诱惑。丰富，是因为拥有了内在精神世界的宝藏。”① 这样的人生境界，何人不求？

然而身处浮世，又有几人能摆脱纷扰而超凡脱俗？每个人最初都有属于自己的芳香，由于辗转于功名利禄场、穿梭于灯红酒绿处，很多人沾染了一身铜臭味和腐朽气，渐渐吞噬了那沁人的芳香。待人间万事消磨尽，是否还有清香似旧时？

有人会说，人不可能一成不变，会随着时间、环境的变化而变化。可是我们要始终谨记什么能变，什么不能变。气质可变、眼界可变、心境可变、能力可变，可是本心是万万不能变的。这是生命的根，没有了

① 周国平：《安静》，北岳文艺出版社，2004 年版。

根，人便会随波逐流，人生也就飘忽不定了。莫要在烟尘滚滚中迷失了方向，在举手投足间变得越来越不像自己。

《菜根谭》中这样讲："势利纷华，不近者为洁，近之而不染者为尤洁。"我们无法改变外界的浮躁，但是可以坚守自己的姿态，出淤泥而不染，濯清涟而不妖。不管外面的风如何大，都不要吹乱了自己的心。屈原那般"举世皆浊我独清，众人皆醉我独醒"的遗世独立，是何等壮美！

守住自己的芳香，方可在浮世喧嚣中独享宁静与欢喜。

散文片段 15

节选自《我很重要》

作者：毕淑敏

我对自己小声说。我还不习惯嘹亮地宣布这一主张，我们在不重要中生活得太久了。我很重要。

我重复了一遍。声音放大了一点。我听到自己的心脏在这种呼唤中猛烈地跳动。我很重要。

我终于大声地对世界这样宣布。片刻之后，我听到山岳和江海传来回声。

是的，我很重要。我们每一个人都应该有勇气这样说。我们的地位可能很卑微，我们的身份可能很渺小，但这丝毫不意味着我们不重要。

重要并不是伟大的同义词，它是心灵对生命的允诺。

人们常常从成就事业的角度，断定我们是否重要。但我要说，只要我们在时刻努力着，为光明在奋斗着，我们就是无比重要地生活着。

让我们昂起头，对着我们这颗美丽的星球上无数的生灵，响亮地宣布——我很重要。

评述：

天生我材必有用

水滴虽小，却可汇聚成江河；沙粒虽小，却可堆积起高山。没有绿叶，怎能衬托红花的明媚？没有黑夜，怎能凸显星辰的璀璨？可见世间万物，都有其存在的意义，人更是如此。

世界之大，相比之下我们每个人都是微小的。但泰戈尔说过：“你微小，然而你并不渺小。”微小的我们依旧是重要的。世上没有两片相同的树叶，更不会有两个相同的人。所以请相信，自己的存在一定是世界上一道独一无二的风景，或如“大漠孤烟直，长河落日圆”般壮美，或如“日出江花红胜火，春来江水绿如蓝”般艳丽，或如“天街小雨润如酥，草色遥看近却无”般淡雅，或如“孤舟蓑笠翁，独钓寒江雪”般幽僻。种种皆妙，各有千秋，世界终会因多了一道点缀而变得不同。

我很重要，并不取决于我是谁，我做了什么。天生我材必有用。不是每个人都能惊天动地书写“我很重要”，风平浪静之下同样暗涌着生命存在的意义。即使我只是一个普普通通的孩子，我的存在也让家人感受到天伦之乐；即使我只是一个平淡无奇的人，我的存在也能让朋友感受到友情之深；即使我只是一颗小小的“螺丝钉”，我的存在也能为社会增添一分助推前进的力量。在每个平凡的角色中做好自己，如画舒展，如花绽放。

我很重要，选一种姿态让自己活得无可替代！

散文片段 16

节选自《缺陷者的鲜花》

作者：秦牧

这些缺陷者、残废者捧出来的艺术花束往往是格外鲜艳的，他们的汗水，化成花朵上晶莹的露珠了。

这多么使人想起逆流洄游的勇敢的鲑鱼，以及那搏击长空的豪迈的山鹰！

把阻力化成动力，使坏事尽可能变成好事，这些缺陷者在艺术上的卓越成就不正是些雄辩的例证吗？

如果说一个个寻常的人振作起精神、激发起毅力来尚且可以创造如此的奇迹，那末为最先进的思想所完全武装起来的人，这样的人所组成的集体，这样的集体所领导的国家，将能够克服多少的困难，创造多少的奇迹呢！

让我们赞美能够征服缺陷的大勇者！

让我们从历史上某些缺陷者所栽培出来的瑰丽的艺术鲜花中，更好地领略“勇敢”、“劳动”、“创造”这些词儿的芬芳！

评述：

翅膀折了，心也要飞翔

很多缺陷者因为自己的不完美，会自卑，会懊恼。的确，他们是不幸的，毕竟谁都希望有一个健全的身体。然而列夫·托尔斯泰曾写道：“每个人都会有缺陷，就像被上帝咬过的苹果，有的人缺陷比较大，正是因为上帝特别喜欢他的芬芳。”① 听闻此言，不由得感叹伟大作家的伟大之处，一句话便如阳光般温暖、雨露般滋润。

他们是折翼的天使，但即使翅膀折了，心也要飞翔。

尼克·胡哲是一位残疾人，他天生患有“海豹肢症”，这种病非常罕见，患病者天生没有四肢，只在左侧臀部以下的位置有一只带着两个趾头的“脚”。可就是这样的他成了全球著名的励志演讲家。如果你听过他的演讲，一定会被他的笑容和幽默所感染，更会被他积极乐观、永不言弃的生活态度所折服。他说：“人生的遭遇难以控制，有些事情不是你的错，也不是你可以阻止的。你能选择的不是放弃，而是继续努力争取更好的生活。”② 他真的做到了笑对生活之痛。

既然上天关上了一扇门，那就为自己打开一扇窗；既然陷入了黑暗，那就让自己活成一束光。不因缺陷而自卑，不向命运低头，勇敢自信地笑对生活，定会收获属于自己的人生价值。

---

① ［俄］列夫·托尔斯泰：《战争与和平》，草婴译，时代文艺出版社，2019年版。

② ［澳］尼克·胡哲：《人生不设限》，彭蕙仙译，天津社会科学院出版社，2011年版。

缺陷者不是弱者，每一个努力的人都是生活的强者！

散文片段 17

节选自《关于友情》

作者：余秋雨

真正的友情不依靠什么。不依靠事业、祸福和身分，不依靠经历、方位和处境，它在本性上拒绝功利，拒绝归属，拒绝契约，它是独立人格之间的互相呼应和确认。它使人们独而不孤，互相解读自己存在的意义。因此所谓朋友也只不过是互相使对方活得更加自在的那些人。

在古今中外有关友情的万千美言中，我特别赞成英国诗人赫巴德的说法："一个不是我们有所求的朋友，才是真正的朋友。"真正的友情都应该具有"无所求"的性质，一旦有所求，"求"也就成了目的，友情却转化为一种外在的装点。我认为，世间的友情至少有一半是被有所求败坏的，即便所求的内容乍一看并不是坏东西。让友情分担忧愁，让友情推进工作……友情成了忙忙碌碌的工具，那它自身又是什么呢？应该为友情卸除重担，也让朋友们轻松起来。朋友就是朋友，除此之外，无所求。

评述：

友情如此美好

世间最美的情感中，友情独占一席。

友情是李白的"桃花潭水深千尺，不及汪伦送我情"，是王勃的"海内存知己，天涯若比邻"，是杜甫的"人生交契无老少，论交何必先同调"，是王维的"劝君更尽一杯酒，西出阳关无故人"，是陶渊明的"相知何必旧，倾盖定前言"。

如果说友情像什么，那大抵是一杯白开水吧，纯纯净净，不含杂质，待你尝过了香醇浓烈，方知平平淡淡才是真。清朝词人纳兰容若与知己朱彝尊诠释了友情的真谛。一个是风华正茂的世家公子，一个是年过四十的落魄文人，仿佛完全不在一个世界的两个人却冲破世俗偏见，一见如故，相遇相知。

真正的友情，有幸遇见，有缘相伴；

真正的友情，无论年龄，不分贫富；

真正的友情，无关利益，只谈真心；

真正的友情，各自忙碌，彼此惦念；

孟子曰："人之相识，贵在相知；人之相知，贵在知心。"拥有三五知心好友，实乃人生之一大幸事。让我们珍惜生命里的真挚好友，他们的出现，如暖日和风，如星河灿烂，如皎月耀光，照亮了匆匆时光，温暖了悠悠岁月。

散文片段 18

节选自《风不能把阳光打败》

作者：毕淑敏

一位心理学家主张大家从此废弃"但是"，改用"同时"。比如我们形容天气的时候，早先说：今天的太阳很好，但是风很大。今后说：今天的太阳很好，同时风很大。

最初看这两句话的时候，好像没有多大差别。你不要急，轻声地多念几遍，那分量和语气的韵味，就体会出来了。

但是风很大——会把人的注意力凝固在不利的因素上。觉着太阳好不是件值得高兴的事情，风大才是关键。借助了"但是"的威力，风把阳光打败。

同时风很大——它更中性和客观，前言余音袅袅，后语也言之凿凿。不偏不倚，公道而平整。它使我们的心神安定，目光精准，两侧都观察得到，头脑中自有安顿。

一词背后，潜藏着的是如何看待世界和自身的目光。

花和虫子，一并存在。我们的视线降落在哪里？

“但是”，是一副偏光镜，让我们聚焦在虫子，把它的影子放得浓黑硕大。

“同时”，是一个透明的水晶球，均衡地透视整体。既看见虫子，也看见无数摇曳的鲜花。

评述：

虽然近黄昏　夕阳无限好

“夕阳无限好，只是近黄昏。”每次读这句诗时，总是感觉无限美好的夕阳笼罩在一片沉郁之中，顿时心生惋惜。假如变化一下这句诗：“虽然近黄昏，夕阳无限好”，你会发现，还是那个黄昏，还是那抹夕阳，虽然依旧会感伤时间流逝，却不愿再辜负美好，想静静地欣赏那夕阳如丹，霞光万丈。

看吧，看待事物的角度不同，看到的结果也往往是天壤之别。以季节为例：如果一味盯着冬天的寒冷，就无法欣赏银装素裹的妖娆；如果一味盯着夏天的炎热，就无法看到姹紫嫣红的缤纷；如果一味盯着春天的狂风，就无法感知万物复苏的盎然；如果一味盯着秋天的落叶，就无法分享果实累累的喜悦。一年四季，春夏秋冬，无一能尽善尽美，如果只是放大不足，那每个季节都会过得痛苦不堪，而如果客观地看待优缺点，便能在不同的季节之美中安然度过。无论我们如何看待，四季轮回，永不停歇，何乐而不为呢？

生活有阳光灿烂的日子，也有风雨交加的时刻。荆棘和鲜花同在，晴空与冷雨并存。理性看待生活中的幸与不幸，能踏过荆棘，也能闻到鲜花的芬芳；能淋冷雨，也能仰望晴空万里。

散文片段 19

节选自《千头万绪是多少》

作者：毕淑敏

千头万绪这个词，有一种沸沸扬扬的夸张和缠人喉咙的窒息感，让人心境沮丧，捉襟见肘，好像一个泥潭。不留神陷进去，会被它掩了口鼻，呛得翻白眼，甚或丢了性命，也说不得。

现代人很常用——或者简直就是爱好用这个词，来描绘自己的生存状况。常常听到人们说自己的处境——千头万绪，要干的工作——千头万绪，待处理的事物——千头万绪，需承担的责任——千头万绪……千头万绪几乎成了一条癞皮狗，死打烂缠地咬住每位现代人的脚后跟，斥之不去。

千头万绪是一个主观的判断，一个夸张的形容。难道对一个普通人来说，世上就真有一万件事，非得你御驾亲征不可？

当我们认定自己进入了千头万绪这一局面的时候，心先就慌了。披头散发，眉毛胡子一把抓，天空也随之阴霾。因为紧迫，就慌不择路。结果是线头越搅越多，原本可以解开的结，也成了死扣。

评述：

千头万绪止于一端

在电视剧《康熙王朝》中有这样一幕，堪称经典。“千古一帝”康熙在平定三藩时曾一度跌入低谷，四面楚歌，一时六神无主想要退位，这时孝庄太后说了一句话：“天崩地陷，岿然不动，日月星辰，唯我独尊。”一言胜过千军万马，稳住了康熙的心，也稳住了天下。

遇事不慌、从容应对是一种气魄。无论被多少困难事、烦心事所缠绕，都要稳住内心，剪断理清，冷静思考。曾国藩有句名言：“世事多因忙里错，且更从容。”

快节奏生活下的人们往往乱了步伐，也乱了分寸，每天匆匆忙忙，忙里忙外，到头来生活还是一团糟，剪不断，理还乱。也许有人会说，不是我们不想活得简单，而是世事太繁杂，身不由己。当线乱成一团时，一味着急乱扯，只会让死结越来越紧。只有找到线的一端，慢慢梳理，才能解开。如果你不想让自己的生活一团糟，就要懂得千头万绪止于一端。

找准杂乱无章的生活中最重要、最有益的一端。正如英国哲学家斯宾塞所说：“时间有限，不只由于人生短促，更由于人事繁杂。我们应该力求把我们所有的时间用去做最有益的事情。”①

内心有了主见，又怎会被千头万绪牵绊？

散文片段 20

节选自《苏东坡突围》

作者：余秋雨

这一切，使苏东坡经历了一次整体意义上的脱胎换骨，也使他的艺术才情获得了一次蒸馏和升华，他，真正地成熟了——与古往今来许多大家一样，成熟于一场灾难之后，成熟于灭寂后的再生，成熟于穷乡僻壤，成熟于几乎没有人在他身边的时刻。幸好，他还不年老，他在黄州期间，是四十四岁至四十八岁，对一个男人来说，正是最重要的年月，今后还大有可为。中国历史上，许多人觉悟在过于苍老的暮年，换言之，成熟在过了季节的年岁，刚要享用成熟所带来的恩惠，脚步却已踉跄蹒跚；与他们相比，苏东坡真是好命。

成熟是一种明亮而不刺眼的光辉，一种圆润而不腻耳的音响，一种不再需要对别人察言观色的从容，一种终于停止向周围申诉求告的大气……一种无须声张的厚实，一种并不陡峭的高度。勃郁的豪情发过了酵，尖利的山风收住了劲，湍急的细流汇成了湖，结果——引导千古杰作的前奏已经鸣响，一道神秘的天光射向黄州，《念奴娇·赤壁怀古》和前、后《赤壁赋》马上就要产生。

评述：

心若向阳　便是晴天

如果要寻找乐观派代表人物，苏东坡必须榜上有名。

林语堂曾说：“苏轼已死，他的名字只是一个记忆，但是他留给我

---

① ［英］赫伯特·斯宾塞：《教育论》，胡毅译，人民教育出版社，1962年版。

们的，是他那心灵的喜悦、思想的快乐，这才是万古不朽的。”①

后人背诵他写下的诗词，品尝他记录的美食，难以想象如此热爱生活之人竟度过了坎坷多难的一生。他数次被贬，虽满腔忧愁，但他懂得自我排遣，慢慢释怀，从未放弃追求生活中的美好。即使乌云遮天，他也能用乐观的信念拨开乌云，终见月明。种种磨难对他而言，不过是丰厚了一些人生阅历，增添了一些诗作素材。谪居黄州，来到赤壁矶，吟唱着“人生如梦，一樽还酹江月”；野外途中突遇风雨，不过来一句“谁怕？一蓑烟雨任平生”。

他能将坎坷的一生活得如此潇洒，如此豁达，实在令人佩服。

每个人都会经历风雨交加的日子，也会经历人生至暗的时刻，无法逃避，唯有面对。像刘同写的那样：“生活没有多的在别处，甚至没得选择。无论身处何方，陷于何种境地，都要试着去做环境的主人，向下生根，向上开花。”②

人生不如意时，想想苏东坡的一生，或许就能找到坚持下去的力量。

心若向阳，便是晴天。

散文片段 21

《岁月》

作者：席慕蓉

好多年没有见面的朋友，再见面时，觉得他们都有一点不同了。

有人有了一双悲伤的眼睛，有人有了冷酷的嘴角，有人是一脸的喜悦，有人却一脸的风霜；好像十几年没能与我的朋友们共度的沧桑，都隐隐约约地写在他们的脸上了。

原来岁月并不是真的逝去，它只是从我们的眼前消失，却转过来躲

① 林语堂：《苏东坡传》，湖南文艺出版社，2018 年版。
② 刘同：《向着光亮那方》，中信出版社，2017 年版。

在我们的心里，然后再慢慢地来改变我们的容貌。

所以，年轻的你，无论将来会碰到什么挫折，请务必要保持一颗宽谅喜悦的心。这样，当十几年后，我们再相遇，我才能很容易地从人群中把你辨认出来。

评述：

笑便面若春花

古人云：有心无相，相逐心生；有相无心，相随心灭。一个人的心境可以改变面相，苦涩的内心会慢慢刻画出愁眉苦脸，而快乐的内心则会勾勒出满面春风。

有人说，生活中的苦涩让我无法快乐。可是，你想过吗？不管你快乐不快乐，岁月都在流逝，生命都在消耗，为何不快乐地度过呢？汪国真在诗歌《假如你不够快乐》中写道："假如你不够快乐，也不要把眉头深锁。人生本来短暂，为什么还要栽培苦涩。"[①] 其实，生活是一面镜子，你对它笑，它便对你笑，反之亦然。

都说岁月无情，可是快乐会让人无惧年龄的增长，因为岁月从不败美人！奥黛丽·赫本是一位享誉世界的美人，她美了一辈子。如果说前半生之美源于天生丽质，那后半生之美则得益于自我修行。不幸福的婚姻曾带给她伤害，可痛苦过后她依旧活得漂亮，因为她始终相信隧道的尽头总有一盏灯，这盏信念之灯照亮了她的一生。她晚年投身慈善事业，为贫困儿童奔波呐喊。因为乐观善良，即使晚年的赫本脸上布满了皱纹，你依旧会赞叹，她的美毋庸置疑！

随岁月流逝，五官之美终会迟暮，但是面相之美会愈加浓郁。愿与岁月一起，乐在其中，你笑，便面若春花。

① 汪国真：《汪国真诗精编》，长江文艺出版社，2014 年版。

散文片段 22

节选自《枯叶蝴蝶》

作者：徐迟

人把它捕捉，将它制成标本，作为一种商品去出售，价钱越来越高。最后几乎把它捕捉得再也没有了。这一生物品种快要绝种了。

到这时候，国家才下令禁止捕捉枯叶蝴蝶。但是，已经来不及了。国家的禁止更增加了它的身价。枯叶蝴蝶真是因此而要绝对的绝灭了。

既然有一对美丽的和真理的翅膀——我们永远也不愿意阖上它——为什么要装模作样，化为一只枯叶蝴蝶，最后也还得被捕捉出售，反而不如那翅膀两面都光彩夺目的蝴蝶到处飞翔，被捕捉而又生生不息。

我要我的翅膀两面都光彩夺目。

我愿这自然界的一切都显出它们的真相。

评述：

不做“伪装者”

看过川剧变脸吗？那是川剧表演中的艺术瑰宝。都说艺术来源于生活，一点都不假。现实生活中很多人为了保护自己，为了讨好他人，为了迎合环境，或刻意为之，或不知不觉，总之戴上了一层层面具，化身“伪装者”。

正如许地山在散文《面具》中所写：“你褒奖他的时候，他虽是很高兴，脸上却装出很不愿意的样子；你指摘他的时候，他虽是懊恼，脸上偏要显出勇于纳言的颜色。”

人是多么鲜活啊，高兴时笑，伤心时哭，可偏要将这些情绪全部隐藏在面具之下。也许“喜怒不形于色”在某些时候能带来一些益处，但是长此已往、时时刻刻虚假地生活着，该是很累吧。戴面具久了，还记得自己原本的模样吗？

摘掉面具，做回真实的自己，你会感到无比轻松愉悦。陶渊明不愿被官场不良风气腐蚀，毅然辞职回归田园，坚持本真自我，成就“不为五斗米折腰”的美谈。世人多羡慕“采菊东篱下，悠然见南山”的惬意人生，可却鲜有人能如陶渊明一般做真实的自己。

愿我们每个人都成为自己的太阳，热情洋溢，真诚坦率，生命会在真诚中开出灿烂的花朵。

散文片段 23

节选自《松树的风格》

作者：陶铸

我对松树怀有敬意的更重要的原因却是它那种自我牺牲的精神。你看，松树的叶子可以榨油；松树的干是用途极广的木材，并是很好的造纸的原料；松树的脂液可制松香、松节油，是很重要的工业原料；松树的根与枝又是很好的燃料。更不用说在夏天，它自己用枝叶挡住炎炎烈日，叫人们在绿荫如盖下休憩；在黑夜，它可以劈成碎片做成火把，照亮人们前进的路。总之一句话，为了人类，它的确是做到了“粉身碎骨”的地步了。

要求于人的甚少，给予人的甚多，这就是松树的风格。

鲁迅先生说的“我吃的是草，挤出来的是牛奶、血”，正是松树的风格的写照。

评述：

有一分热　发一分光

“奉献乃生活的真正意义。”[①] 在时间的长河里，留下了许多中华儿女无私奉献的身影。

“两弹元勋”邓稼先隐姓埋名二十八载，扎根荒漠，呕心沥血，把

① ［奥］阿尔弗雷德·阿德勒：《自卑与超越》，马晓娜译，吉林出版集团有限责任公司，2015 年版。

自己的一切都奉献给了国家的核弹事业，用无私的精神铸就大国盾牌，成就了“君视名利如粪土，许身国威壮山河”的豪迈！“国士无双”钟南山医者仁心，耄耋之年逆行奔赴抗疫一线，哪里有疫情哪里就有他的身影，谱写了“捐躯赴国难，视死忽如归”的决然！“万世师表”陶行知爱满天下，捧一颗心来，不带一根草去，将自己的一生都奉献在教书育人这块神圣的土地上，彰显了“春蚕到死丝方尽，蜡炬成灰泪始干”的深情！

他们如鲁迅所说：“在生活的路上，将血一滴一滴地滴过去，以饲别人，虽自觉渐渐瘦弱，也以为快活。”①

这就是奉献，无怨无悔，不求回报，只愿为他人、为社会、为国家多做一点，再多一点……这种崇高的奉献精神多么令人敬佩啊！他们的事迹，足以光照千秋！

爱，首先意味着奉献，心怀大爱，方能无私奉献。把自己当成一根蜡烛吧，有一分热，发一分光，即使不能照亮全世界，也照亮了自己的人生！

散文片段 24

节选自《谈孝》

作者：季羡林

到了今天，我们应该怎样对待孝呢？我们还要不要提倡孝道呢？据我个人的观察，在时代变革的大潮中，孝的概念确实已经淡化了。不赡养老父老母，甚至虐待他们的事情，时有所闻。我认为，这是不应该的，是影响社会安定团结的消极因素。我们当然不能再提倡愚孝；但是，小时候父母抚养子女，没有这种抚养，儿女是活不下来的。父母年老了，子女来赡养，就不说是报恩吧，也是合乎人情的。如果多数子女

---

① 鲁迅、许广平：《两地书》，人民文学出版社，2006 年版。

不这样做，我们的国家和社会能负担起这个任务来吗？这对我们迫切要求的安定团结是极为不利的。这一点简单的道理，希望当今为子女者三思。

评述：

儿女孝 父母便笑

夫孝，天之经也，地之义也，民之行也。孝道，天经地义。

孝顺是中华民族的传统美德，自古以来流传着许许多多遵从孝道的美谈。汉文帝刘恒是历史上有名的仁孝之君，母亲薄太后卧病在床三年，他忙完公务就衣不解带地守护在病床前，连汤药都要自己先尝一尝苦不苦、烫不烫，确认后才给母亲喝，这就是《二十四孝》中亲尝汤药的故事。前不久，西安的一次重大考古发现用事实证明了汉文帝的孝顺名不虚传。考古发现，汉文帝的霸陵相比其母薄太后的陵墓而言非常简朴。

日理万机的君王尚能三年如一日地照顾母亲，我们是否应该反思一下，自己有多久没有和父母聊聊天，有多久没有陪父母吃顿饭？

我相信，骨肉相连、血脉相承的亲情难以割舍，存心不孝之人少之又少，更多人的心底都埋藏着尽孝的心愿，只是忙这忙那，无暇实现。忙，什么时候是个头？可是时间就这么流逝着，父母老了，头发白了。

“子欲养而亲不待”恐怕是世间最残忍的遗憾了。及时尽孝，像毕淑敏所写那样：“赶快为你的父母尽一分孝心。也许是一处豪宅，也许是一片砖瓦。也许是大洋彼岸的一只鸿雁，也许是近在咫尺的一个口信。也许是一顶纯黑的博士帽，也许是作业簿上的一个红五分……”①

无论儿女表达孝心的形式是什么，父母都会满足。儿女孝，父母便笑。

① 毕淑敏：《送你一颗光芒之海》，山东文艺出版社，2019年版。

散文片段 25

节选自《冬天》

作者：茅盾

然而对于“冬”有恶感，则始于最近。拥着热被窝让思想跑野马那样的事，已经不高兴再做了，而又没有草地给我去“放野火”。何况近年来的冬天似乎一年比一年冷，我不得不自愿多穿点衣服，并且把窗门关紧。

不过我也理智地较为认识了“冬”。我知道“冬”毕竟是“冬”，摧残了许多嫩芽，在地面上造成恐怖；我又知道“冬”只不过是“冬”，北风和霜雪虽然凶猛，终不能永远的不过去。相反的，冬天的寒冷愈甚，就是冬的运命快要告终，“春”已在叩门。

“春”要来到的时候，一定先有“冬”。冷罢，更加冷罢，你这吓人的冬！

评述：

冬天来了，春天还会远吗？

冰天雪地的寒冬，总是容易让人心生寒意。寒风吹走了意气风发，积雪掩埋了昂扬激情，人们在大雪纷飞中往往哀婉地吟唱着：“罗襟湿未干，又是凄凉雪……”

可是，你看那天寒地冻之间，也有阳光洒下，再厚的积雪也会融化。萧瑟之后是复苏，熙熙春风总会吹散刺骨寒气，枯萎枝丫也会冒出嫩绿新芽。

不必惧怕种种磨难，在艰难苦涩的日子里更要修炼一颗强大的内心。古人云：“故天将降大任于是人也，必先苦其心志，劳其筋骨，饿其体肤，空乏其身，行拂乱其所为，所以动心忍性，曾益其所不能。”你要相信，生活不会一味地甜，但也不会一味地苦，苦尽终会甘来，病树前头，万木逢春，柳暗花明，又见一村。

2015 年 12 月 10 日，屠呦呦因开创性地从中草药中分离出青蒿素应用于疟疾治疗而获得当年的诺贝尔医学奖，揭开了我国生物医学领域的新篇章。然而成功的背后，是 190 次失败。为了一个使命，屠呦呦执着于千百次实验，百折不挠，不言放弃，因为心中有坚定的信念。念念不忘，必有回响！

冬天来了，春天还会远吗？在万物凋零的冬天，内心也要繁花似锦，静待春暖花开。

散文片段 26

节选自《要习惯做生活的迟到者》

作者：迟子建

我想，人生是可以慢半拍、再慢半拍的。生命的钟表，不能一味地往前拨，要习惯自己是生活的迟到者。人是弱的，累了，就要休息；高兴了，就要开怀大笑；郁闷的时候，何苦要掩饰自己，对着青山绿水呼喊吧……我们可以在月夜下多几分缠绵，也可以在旅途中因着美好的风景而多几日的停留。随遇而安，随缘而行。随风而舞，随雨而歌！

是的，我们要给自己多亮几盏红灯，让生命有所停顿，有所沉吟。这样的红灯，就是我们生命中不息的火焰！只有这样，弱的生命才会变成强的生命，暗淡的生命才会变成有光华的生命！当生命的时针有张有弛、疾徐有致地行走的时候，我们的日子，才会随着日升月落，发出流水一样清脆的足音。

评述：

慢下来的生活才曼妙

“让蜗牛往前爬，我在后面生闷气。咦？我闻到花香，原来这边还有个花园，我感到微风，原来夜里的微风这么温柔。慢着！我听到鸟叫，我听到虫鸣。我看到满天的星斗多亮丽！”①

这首诗的名字是《牵一只蜗牛去散步》。也许我们身边都需要一只“蜗牛”，让脚步慢下来。

蒋勋说：所有生活的美学旨在抵抗一个字——忙。匆忙的你会错过春天的嫩柳、夏日的暖阳、秋天的红叶、冬日的飘雪，错过这么多美妙的景致，多么可惜啊！慢下来，身边的点滴美好都会在心中荡漾起朵朵涟漪。放慢脚步，你会看到“小荷才露尖尖角，早有蜻蜓立上头”，会听到“狗吠深巷中，鸡鸣桑树颠”。

快节奏生活让很多人乱了步伐。慢下来，给自己一个“缓和期”，整理好步伐再出发，不紧不慢，不慌不忙。

《礼记·杂记下》中记载了一个小故事：鲁国举办腊月大祭典，举国欢腾，因为人们辛苦劳动了一年才得到这一天的休息和快乐。可是跟随孔子参加祭典的学生子贡却对人们的开心不以为然，于是孔子讲了这样一番话：“张而不弛，文武弗能也；弛而不张，文武弗为也；一张一弛，文武之道也。”一张一弛，才是生活应有的节奏。

放慢生活的脚步，让身心得到放松，看庭前花开花落，望天上云卷云舒。慢下来，才能感受到生活的曼妙。

散文片段 27

节选自《当下》

作者：张晓风

万古乾坤，百年身世。且不问美人如何一笑倾国，也不问将军如何引箭穿石。帝王将相虽然各自有他们精彩的脚步，犀利的台词，我们却只能站在此时此刻的舞台上，在灯光所打出的表演区内，移动我们自己的台步，演好我们的角色，扣紧剧情，一分不差。人生是现场演出的舞

① 张文亮：《牵着一只蜗牛去散步》，中国工人出版社，2010 年版。

台剧，容不得 NG 再来一次，你必须演好当下。

生有时，死有时

栽种有时，拔毁有时

……

哭有时，笑有时

哀恸有时，欢跃有时

抛有时，聚有时

寻获有时，散落有时

得有时，舍有时

……

爱有时，恨有时

战有时，和有时

以上的诗，是号称智慧国王所罗门的歌。那歌的结论，其实也只是在说明，人在周围种种事件中行过，在每一记“当下”中完成其生平历练。

“当下”，应该有理由被视为人间最美丽的字眼吧？

评述：

活在完全独立的今天

曾读过这样一句话：“世间有两样东西最珍贵，得不到的和已失去的。”世上最珍贵的难道不应该是正在拥有的吗？

昨天和明天，都是彼时的“今天”。怎样过今天，就将怎样过一生。但人们总是喜欢追忆过往，憧憬未来。有人深陷昨天的遗憾，惆怅不已；有人痴迷明天的未知，心潮澎湃。

泰戈尔写道：“如果你因为错过太阳而流泪，那么你也将错过群星了。”当然，如果你一味期待明日的太阳，那么也将错过今夜的群星了。昨日的太阳也好，明日的太阳也罢，都是你心中的虚幻，没有温暖也没有光亮，而此时真真实实陪伴你的，恰恰是那满天繁星。

“现代医学之父”威廉·奥斯勒一次乘海轮横渡大西洋，他看见船长站在舵房里按下一个按钮，船就能隔成几个完全防水的隔舱。在

1913 年一次为耶鲁学生做演讲时，他说道：“活在一个‘完全独立的今天’里面，这是在航程中确保安全的最好方法。到舵房去，你会发现那些大隔舱至少都可以独立使用；按下按钮，注意你生活中的每一个侧面，用铁门把过去隔断——隔断已经死去的那些昨天；按下另一个按钮，用铁门把未来也隔断——隔断那些尚未诞生的明天。然后你就保险了——你拥有的是今天……”

唯有把握好当下，才是对过往最好的追忆，对未来最好的憧憬。

散文片段 28

节选自《家》

作者：周国平

南方水乡，我在湖上荡舟。迎面驶来一只渔船，船上炊烟袅袅。当船靠近时，我闻到了饭菜的香味，听到了孩子的嬉笑。这时我恍然悟到，船就是渔民的家。

以船为家，不是太动荡了吗？可是，我亲眼看到渔民们安之若素、举止泰然，而船虽小，食住器具，一应俱全，也确实是个家。

于是我转念想，对于我们，家又何尝不是一只船？这是一只小小的船，却要载我们穿过多么漫长的岁月。岁月不会倒流，前面永远是陌生的水域，但因为乘在这只熟悉的船上，我们竟不感到陌生。四周时而风平浪静，时而波涛汹涌，但只要这只船是牢固的，一切都化为美丽的风景。人世命运莫测，但有了一个好家，有了命运与共的好伴侣，莫测的命运仿佛也不复可怕。

我心中闪过一句诗：“家是一只船，在漂流中有了亲爱。”

评述：

家在即心安

家，是“慈母手中线，游子身上衣”的幸福；

家，是“最喜小儿无赖，溪头卧剥莲蓬”的惬意；

家，是“少小离家老大回，乡音无改鬓毛衰”的烙印；

家，是“露从今夜白，月是故乡明”的偏爱；

家，是“此夜曲中闻折柳，何人不起故园情”的眷恋；

家，是“不堪肠断思乡处，红槿花中越鸟啼”的牵挂；

家，是一个用多少美好词汇都无法形容的地方……

家在，漂泊在外，心灵也能找到归处。前些年买房火热时，有一种观点认为中国人喜欢买房是因为刻在骨子里的“家”情怀。其实，“家”情怀并不是指那一间屋舍，而是屋舍中的人，因为他们的存在，一间普普通通的房屋变成了温暖的港湾。

家在，独自打拼，也不会感到孤单。很喜欢央视节目《你好生活》第一季第四期《搏击人生》中的这句文案：“在为梦狂奔的路上，有风急雨骤，有孤夜寂寥，不要怕，回头看看，家人就在身后，打着那束温暖的光。”

家在，无论年龄，自己永远是个孩子。像老舍先生写的那样：“人，即使活到八九十岁，有母亲便可以多少还有点孩子气。失了慈母便象花插在瓶子里，虽然还有色有香，却失去了根。有母亲的人，心里是安定的。”

“家人闲坐，灯火可亲”，大抵是世上最幸福的画面了吧！

散文片段 29

节选自《生命是单程票　要让它少些遗憾》

作者：毕淑敏

每个人的生命都是一张单程票，生命从出生那天开始，就像箭一样地射向远方，我们能够在自己手里，把持住的就是我们的此时此刻，这无比宝贵的生命。

关于遗憾，字典里有各式各样的解释，我最喜欢的一个解释就是，我们能够去满足的心愿，可是我们没有去完成，我们深感惋惜。

……

如果你有愿望，如果你真的还有力量去实现它，那就马上出发，去完成自己的愿望，让自己更少点遗憾。

人生是一个漫长的过程，年轻是多么地好，但是请记得，记得有很多的东西，当你不懂的时候，你年轻，当你懂得了以后，你已年老。

那么让我们的理想不要变成化石，让我们现在就行动起来，去实践我们的理想，让我们的人生少些遗憾。

评述：

莫待无花空折枝

“回首过往，你有遗憾吗?”应该很多人的答案都是“有吧”。也许读书时贪玩，留下了“黑发不知勤学早，白首方悔读书迟”的遗憾；也许青春时荒废，留下了“白了少年头，空悲切”的遗憾；也许遇爱时退缩，留下了“山盟虽在，锦书难托”的遗憾……

我们总是想着来日方长，抱着“以后再说”的期许，可是时不待人，世事难料，错过一时也许就错过了一世。张爱玲曾写道：“想做什么，立刻去做，都许来不及了。‘人’是最拿不准的东西。”[①]

2004年，财经作家吴晓波在查尔斯河畔参加一场主题为“中国公司的成长之路”的座谈时，深感中国企业研究的薄弱，于是他萌生了写作1978年至2008年中国企业史的想法。但这对于他来说是一项极其艰巨庞杂的工程，可他没有止于想法，立即沉浸在调查、整理和创作的忙碌中，历时数年完成了巨作《激荡三十年》，填补了历史空白。

花开堪折直须折，莫待无花空折枝。想做就去做，虽说三思而后行，但有时过多的顾虑会成为前进的羁绊，思来想去、瞻前顾后很可能就真的只停留在一个念头上了。再伟大的理想，不实践就会化成泡沫；再美好的梦想，不行动就会随风消散。

过去的就让它过去吧。现在的你，心中也一定有梦想，勇敢地去实

① 张爱玲：《都市的人生》，湖南文艺出版社，1993年版。

现，诗酒趁年华，仗剑走天涯！

散文片段 30

节选自《孤独》

作者：汪国真

孤独若不是由于内向，便往往是由于卓绝。

太美丽的人感情容易孤独，太优秀的人心灵容易孤独，其中的道理显而易见，因为他们都难以找到合适的伙伴。

太阳是孤独的，月亮是孤独的，星星却难以数计。

人都难以忍受长期的孤独。意志薄弱的人，为了摆脱孤独，便去寻找安慰和刺激；意志坚强的人，为了摆脱孤独，便去追寻充实和超脱。他们的出发点一样，结局却有天壤之别，前者因为孤独而沉沦，后者因为孤独而升华。

…………

有一种人，宁愿无聊也不愿孤独，因为孤独对他来说，也是无聊；有一种人，宁愿孤独也不愿无聊，因为孤独对他来说，只是寂寞。

孤独而寂寞的人，只是觉得时光冷清，却不会虚度时光；孤独而无聊的人，总觉得日子无滋无味，于是便浪掷光阴。

评述：

独而不孤

如何理解孤独？在我看来，“孤”与“独”是两种含义：孤，灵魂空洞；独，孑然一身。

有一种状态叫独而不孤。

“当你选择了一条自己喜欢的路，很多时候这样的选择并不被周围人理解或支持，甚至要坐‘冷板凳’，所有事只能自己扛，只能自己一个人，咬着牙往前走。”[①]

这是空间物理学家王赤给年轻人的回信中写到的一句话。孤独于他而言，是人生常态。年少时孤身一人远赴国外求学，漂泊在异国他乡；回国后投身空间科学事业，几乎从零起步；面对庞大的领域空白，也曾被磨掉一大半雄心壮志。可见，一个人想要做成一件事，孤独是难免的。王赤接纳了这份孤独并与其和谐相处，让理想化为孤独中的那束光，照亮了前方的路，温暖了寂寥的心。

一路上，我们会遇到很多人，家人、朋友、同学，抑或是一面之交，但是他人都只能陪自己一程，更多的时候是一个人走。人生旅途中，每一个人都是孤独的旅客，不要抱怨，不要害怕，记住王赤说的这句话："你要坚定地相信，上天送给你的孤独时刻，一定是让你和自己对话的最好机会，别错过。”[②]

独而不孤，只要心中有理想，一个人的世界依旧花团锦簇！

三、读文评述部分试题

1. 那是力争上游的一种树，笔直的干，笔直的枝。它的干呢，通常是丈把高，像是加以人工似的，一丈以内绝无旁枝。它所有的丫枝呢，一律向上，而且紧紧靠拢，也像加过人工似的，成为一束，绝不旁逸斜出。它的宽大的叶子也是片片向上，几乎没有斜生的，更不用说倒垂了。它的皮，光滑而有银色的晕圈，微微泛出淡青色。这是虽在北方风雪的压迫下却保持着倔强挺立的一种树！哪怕只有碗来粗细罢，它却努力向上发展，高到丈许、两丈，参天耸立，不折不挠，对抗着西北风。

2. 当你在积雪初融的高原上走过，看见平坦的大地上傲然挺立这么一株或一排白杨树，难道你就只觉得它只是树？难道你就不想到它的朴质、严肃、坚强不屈，至少也象征了北方的农民？难道你竟一点也不联想到，在敌后的广大土地上，到处有坚强不屈，就像这白杨树一样傲

① 王赤：《从孤独里找到一束光》，人民资讯公众号。
② 王赤：《从孤独里找到一束光》，人民资讯公众号。

然挺立的守卫他们家乡的哨兵？难道你又不更远一点想到，这样枝枝叶叶靠紧团结，力求上进的白杨树，宛然象征了今天在华北平原纵横决荡，用血写出新中国历史的那种精神和意志。

3. 阿诺德很快就从集市上回来了，向老板汇报说，到现在为止，只有一个农民在卖土豆，一共四十袋，价格是多少多少；土豆质量很不错，他带回来一个让老板看看。这个农民一个钟头以后还会运来几箱西红柿，据他看价格非常公道。昨天他们铺子的西红柿卖得很快，库存已经不多了。他想这么便宜的西红柿，老板肯定会要进一些的，所以他不仅带回了一个西红柿做样品，而且把那个农民也带来了，他现在正在外面等回话呢。此时，老板转向了布鲁诺，说："现在您肯定知道为什么阿诺德的薪水比您高了吧?"

4. 它不像汉白玉那样细腻，可以凿下刻字雕花，也不像大青石那样光滑，可以供来浣纱捶布；它静静地卧在那里，院边的槐荫没有庇护它，花儿也不在它身边生长，荒草便繁衍出来，枝蔓上下，慢慢地，它竟锈红了绿苔、黑斑。我们这些做孩子的，也讨厌起它来，曾合伙要搬走它，但力气又不足；虽时时咒骂它，嫌弃它，也无可奈何，只好任它留在那里去了。

5. 大雪整整下了一夜。今天早晨，天放晴了，太阳出来了。推开门一看，嗬！好大的雪啊！山川、河流、树木、房屋，全都罩上了一层厚厚的雪，万里江山，变成了粉妆玉砌的世界。落光了叶子的柳树上挂满了毛茸茸亮晶晶的银条儿；而那些冬夏常青的松树和柏树上，则挂满了蓬松松沉甸甸的雪球儿。一阵风吹来，树枝轻轻地摇晃，美丽的银条儿和雪球儿簌簌地落下来，玉屑似的雪末儿随风飘扬，映着清晨的阳光，显出一道道五光十色的彩虹。

6. 俗话说，"瑞雪兆丰年"这个话有充分的科学根据，并不是一句迷信的成语。寒冬大雪，可以冻死一部分越冬的害虫；融化了的水渗进土层深处，又能供应庄稼生长的需要。我相信这一场十分及时的大雪，一定会促进明年春季作物，尤其是小麦的丰收。有经验的老农把雪比做是"麦子的棉被"。冬天"棉被"盖得越厚，明春麦子就长得越好，所以又有这样一句谚语："冬天麦盖三层被，来年枕着馒头睡。"

我想，这就是人们为什么把及时的大雪称为“瑞雪”的道理吧。

7. 我常想读书人是世间幸福人，因为他除了拥有现实的世界之外，还拥有另一个更为浩瀚也更为丰富的世界。现实的世界是人人都有的，而后一个世界却为读书人所独有。由此我想，那些失去或不能阅读的人是多么的不幸，他们的丧失是不可补偿的。世间有诸多的不平等，财富的不平等，权力的不平等，而阅读能力的拥有或丧失却体现为精神的不平等。

8. 一个人的一生，只能经历自己拥有的那一份欣悦，那一份苦难，也许再加上他亲自闻知的那一些关于自身以外的经历的经验。然而，人们通过阅读，却能进入不同时空的诸多他人的世界。这样，具有阅读能力的人，无形间获得了超越有限生命的无限可能性。阅读不仅使他多识了草木虫鱼之名，而且可以上溯远古下及未来，饱览存在的与非存在的奇风异俗。

9. 读书加惠于人们的不仅是知识的增广，而且还在于精神的感化与陶冶。人们从读书学做人，从那些往哲先贤以及当代才俊的著述中学得他们的人格。人们从《论语》中学得智慧的思考，从《史记》中学得严肃的历史精神，从《正气歌》中学得人格的刚烈，从马克思学得人世的激情，从鲁迅学得批判精神，从托尔斯泰学得道德的执着。歌德的诗句刻写着睿智的人生，拜伦的诗句呼唤着奋斗的热情。一个读书人，一个有机会拥有超乎个人生命体验的幸运人。

10. 我爱月夜，但我也爱星天。从前在家乡七八月的夜晚在庭院里纳凉的时候，我最爱看天上密密麻麻的繁星。望着星天，我就会忘记一切，仿佛回到了母亲的怀里似的。

如今在海上，和繁星相对，我把它们认得很熟了。我躺在舱面上，仰望天空。深蓝色的天空里悬着无数半明半昧的星。船在动，星也在动，它们是这样低，真是摇摇欲坠呢。渐渐地我的眼睛模糊了，我好像看见无数萤火虫在我的周围飞舞。海上的夜是柔和的，是静寂的，是梦幻的。

11. 我们那条胡同的左邻右舍的孩子们放的风筝几乎都是叔叔编扎的。他的风筝不卖钱，谁上门去要，就给谁，他乐意自己贴钱买材料。

后来，这位叔叔去了海外，放风筝也渐与孩子们远离了。不过年年叔叔给家乡写信，总不忘提起儿时的放风筝。香港回归之后，他在家信中说到，他这只被故乡放飞到海外的风筝，尽管飘荡游弋，经沐风雨，可那线头儿一直在故乡和亲人手中牵着，如今飘得太累了，也该要回归到家乡和亲人身边来了。

12. 一个大问题一直盘踞在我脑袋里：

世界杯怎么会有如此巨大的吸引力？除去足球本身的魅力之外，还有什么超乎其上而更伟大的东西？

近来观看世界杯，忽然从中得到了答案：是由于一种无上崇高的精神情感——国家荣誉感！

在历史时代，国家间经常发生对抗，好男儿戎装卫国。国家的荣誉往往需要以自己的生命去换取。但在和平时代，唯有这种国家之间大规模对抗性的大赛，才可以唤起那种遥远而神圣的情感，那就是：为祖国而战！

13. 夕阳落山不久，西方的天空，还燃烧着一片橘红色的晚霞。大海，也被这霞光染成了红色，而且比天空的景色更要壮观。因为它是活动的，每当一排排波浪涌起的时候，那映照在浪峰上的霞光，又红又亮，简直就像一片片霍霍燃烧着的火焰，闪烁着，消失了。而后面的一排，又闪烁着，滚动着，涌了过来。夜风轻飘飘地吹拂着，空气中飘荡着一种大海和田禾相混合的香味儿，柔软的沙滩上还残留着白天太阳炙晒的余温。那些在各个工作岗位上劳动了一天的人们，三三两两地来到这软绵绵的沙滩上，他们浴着凉爽的海风，望着那缀满了星星的夜空，尽情地说笑，尽情地休憩。

14. 天空的霞光渐渐地淡下去了，深红的颜色变成了绯红，绯红又变为浅红。最后，当这一切红光都消失了的时候，那突然显得高而远了的天空，则呈现出一片肃穆的神色。最早出现的启明星，在这蓝色的天幕上闪烁起来了。它是那么大，那么亮，整个广漠的天幕上只有它在那里放射着令人注目的光辉，活像一盏悬挂在高空的明灯。

在这幽美的夜色中，我踏着软绵绵的沙滩，沿着海边，慢慢地向前走去。海水，轻轻地抚摸着细软的沙滩，发出温柔的刷刷声。晚来的海风，清新而又凉爽。我的心里，有着说不出的兴奋和愉快。

15. 生命在海洋里诞生绝不是偶然的，海洋的物理和化学性质，使它成为孕育原始生命的摇篮。

我们知道，水是生物的重要组成部分，许多动物组织的含水量在百分之八十以上，而一些海洋生物的含水量高达百分之九十五。水是新陈代谢的重要媒介，没有它，体内的一系列生理和生物化学反应就无法进行，生命也就停止。因此，在短时期内动物缺水要比缺少食物更加危险。水对今天的生命是如此重要，它对脆弱的原始生命，更是举足轻重了。生命在海洋里诞生，就不会有缺水之忧。

16. 水是一种良好的溶剂。海洋中含有许多生命所必需的无机盐，如氯化钠、氯化钾、碳酸盐、磷酸盐，还有溶解氧，原始生命可以毫不费力地从中吸取它所需要的元素。水具有很高的热容量，加之海洋浩大，任凭夏季烈日曝晒，冬季寒风扫荡，它的温度变化却比较小。因此，巨大的海洋就像是天然的“温箱”，是孕育原始生命的温床。阳光虽然为生命所必需，但是阳光中的紫外线却有扼杀原始生命的危险。水能有效地吸收紫外线，因而又为原始生命提供了天然的“屏障”。这一切都是原始生命得以产生和发展的必要条件。

17. 时间过得那么飞快，使我的小心眼儿里不只是着急，还有悲伤。有一天我放学回家，看到太阳快落山了，就下决心说：“我要比太阳更快地回家。”我狂奔回去，站在庭院前喘气的时候，看到太阳//还露着半边脸，我高兴地跳跃起来，那一天我跑赢了太阳。以后我就时常做那样的游戏，有时和太阳赛跑，有时和西北风比快，有时一个暑假才能做完的作业，我十天就做完了；那时我三年级，常常把哥哥五年级的作业拿来做。每一次比赛胜过时间，我就快乐得不知道怎么形容。

18. 我们在漆黑如墨的河上又划了很久。一个个峡谷和悬崖，迎面驶来，又向后移去，仿佛消失在茫茫的远方，而火光却依然停在前头，闪闪发亮，令人神往——依然是这么近，又依然是那么远……

现在，无论是这条被悬崖峭壁的阴影笼罩的漆黑的河流，还是那一星明亮的火光，都经常浮现在我的脑际，在这以前和在这以后，曾有许多火光，似乎近在咫尺，不止使我一人心驰神往。可是生活之河却仍然在那阴森森的两岸之间流着，而火光也依旧非常遥远。因此，必须加劲划桨……

19. 对于一个在北平住惯的人，像我，冬天要是不刮风，便觉得是奇迹；济南的冬天是没有风声的。对于一个刚由伦敦回来的人，像我，冬天要能看得见日光，便觉得是怪事；济南的冬天是响晴的。自然，在热带的地方，日光永远是那么毒，响亮的天气，反有点儿叫人害怕。可是，在北方的冬天，而能有温晴的天气，济南真得算个宝地。真的，济南的人们在冬天是面上含笑的。他们一看那些小山，心中便觉得有了着落，有了依靠。他们由天上看到山上，便不知不觉地想起：明天也许就是春天了吧？这样的温暖，今天夜里山草也许就绿起来了吧？就是这点儿幻想不能一时实现，他们也并不着急，因为这样慈善的冬天，干什么还希望别的呢！

20. 最妙的是下点儿小雪呀。看吧，山上的矮松越发的青黑，树尖儿上顶//着一髻儿白花，好像日本看护妇。山尖儿全白了，给蓝天镶上一道银边。山坡上，有的地方雪厚点儿，有的地方草色还露着；这样，一道儿白，一道儿暗黄，给山们穿上一件带水纹儿的花衣；看着看着，这件花衣好像被风儿吹动，叫你希望看见一点儿更美的山的肌肤。等到快日落的时候，微黄的阳光斜射在山腰上，那点儿薄雪好像忽然害羞，微微露出点儿粉色。就是下小雪吧，济南是受不住大雪的，那些小山太秀气。

21. 纯朴的家乡村边有一条河，曲曲弯弯，河中架一弯石桥，弓样的小桥横跨两岸。

每天，不管是鸡鸣晓月，日丽中天，还是月华泻地，小桥都印下串串足迹，洒落串串汗珠。那是乡亲为了追求多棱的希望，兑现美好的遐想。弯弯小桥，不时荡过轻吟低唱，不时露出舒心的笑容。

三十多年过去，我带着满头霜花回到故乡，第一紧要的便是去看望小桥。啊！小桥呢？它躲起来了？河中一道长虹，浴着朝霞熠熠闪光。哦，雄浑的大桥敞开胸怀，汽车的呼啸、摩托的笛音、自行车的叮铃，合奏着进行交响乐；南来的钢筋、花布，北往的柑橙、家禽，绘出交流欢悦图……

22. 我在加拿大学习期间遇到过两次募捐，那情景至今使我难以忘怀。

一天，我在渥太华的街上被两个男孩子拦住去路。他们十来岁，穿得整整齐齐，每人头上戴着个做工精巧、色彩鲜艳的纸帽，上面写着“为帮助患小儿麻痹的伙伴募捐”。其中的一个，不由分说就坐在小凳上给我擦起皮鞋来，另一个则彬彬有礼地发问：“小姐，您是哪国人？喜欢渥太华吗？”“小姐，在你们国家有没有小孩儿患小儿麻痹？谁给他们医疗费？”一连串的问题，使我这个有生以来头一次在众目睽睽之下让别人擦鞋的异乡人，从近乎狼狈的窘态中解脱出来。我们像朋友一样聊起天儿来……

23. 几个月之后，也是在街上。一些十字路口处或车站坐着几位老人。他们满头银发，身穿各种老式军装，上面布满了大大小小形形色色的徽章、奖章，每人手捧一大束鲜花，有水仙、石竹、玫瑰及叫不出名字的，一色雪白。匆匆过往的行人纷纷止步，把钱投进这些老人身旁的白色木箱内，然后向他们微微鞠躬，从他们手中接过一朵花。

同行的朋友告诉我，这是为纪念二次大战中参战的勇士，募捐救济残废军人和烈士遗孀，每年一次；认捐的人可谓踊跃，而且秩序井然，气氛庄严。有些地方，人们还耐心地排着队。

24. 小鸟给远航生活蒙上了一层浪漫色调。返航时，人们爱不释手，恋恋不舍地想把它带到异乡。可小鸟憔悴了，给水，不喝！喂肉，不吃！油亮的羽毛失去了光泽。是啊，我们有自己的祖国，小鸟也有它的归宿，人和动物都是一样啊，哪儿也不如故乡好！

慈爱的水手们决定放开它，让它回到大海的摇篮去，回到蓝色的故乡去。离别前，这个大自然的朋友与水手们留影纪念。它站在许多人的头上，肩上，掌上，胳膊上，与喂养过它的人们，一起融进那蓝色的画面……

25. 纽约的冬天常有大风雪，扑面的雪花不但令人难以睁开眼睛，甚至呼吸都会吸入冰冷的雪花。据统计，十年来纽约的公立小学只因为超级暴风雪停过七次课。这是多么令人惊讶的事。犯得着在大人都无须上班的时候让孩子去学校吗？

在纽约有许多百万富翁，但也有不少贫困的家庭。后者白天开不起暖气，供不起午餐，孩子的营养全靠学校里免费的中饭，甚至可以多拿些回家当晚餐。学校停课一天，穷孩子就受一天冻，挨一天饿，所以老师们宁愿自己苦一点儿，也不能停课。

或许有家长会说：何不让富裕的孩子在家里，让贫穷的孩子去学校享受暖气和营养午餐呢？

学校的答复是：我们不愿让那些穷苦的孩子感到他们是在接受救济，因为施舍的最高原则是保持受施者的尊严。

26. 梅雨潭闪闪的绿色招引着我们，我们开始追捉她那离合的神光了。揪着草，攀着乱石，小心探身下去，又鞠躬过了一个石穹门，便到了汪汪一碧的潭边了。

我曾见过北京什刹海拂地的绿杨，脱不了鹅黄的底子，似乎太淡了。我又曾见过杭州虎跑寺近旁高峻而深密的“绿壁”，丛叠着无穷的碧草与绿叶的，那又似乎太浓了。其余呢，西湖的波太明了，秦淮河的也太暗了。可爱的，我将什么来比拟你呢？我怎么比拟得出呢？大约潭是很深的，故能蕴蓄着这样奇异的绿；仿佛蔚蓝的天融了一块在里面似的，这才这般的鲜润啊。

27. 这平铺着厚积着的绿，着实可爱。她松松地皱缬着，像少妇拖着的裙幅；她滑滑的明亮着，像涂了“明油”一般，有鸡蛋清那样软，那样嫩；她又不杂些尘滓，宛然一块温润的碧玉，只清清的一色——但你却看不透她！

那醉人的绿呀！我若能裁你以为带，我将赠给那轻盈的舞女，她必能临风飘举了，我若能挹你以为眼，我将赠给那善歌的盲妹，她必明眸善睐了。我舍不得你；我怎舍得你呢？我用手拍着你，抚摩着你，如同一个十二三岁的小姑娘。我又掬你入口，便是吻着她了。我送你一个名字，我从此叫你“女儿绿”，好么？

28. 在浩瀚无垠的沙漠里，有一片美丽的绿洲，绿洲里藏着一颗闪光的珍珠。这颗珍珠就是敦煌莫高窟。它坐落在我国甘肃省敦煌市三危山和鸣沙山的怀抱中。

鸣沙山东麓是平均高度为十七米的崖壁。在一千六百多米长的崖壁上，凿有大小洞窟七百余个，形成了规模宏伟的石窟群。其中四百九十二个洞窟中，共有彩色塑像两千一百余尊，各种壁画共四万五千多平方米。莫高窟是我国古代无数艺术匠师留给人类的珍贵文化遗产。

29. 莫高窟壁画的内容丰富多彩，有的是描绘古代劳动人民打猎、捕鱼、耕田、收割的情景，有的是描绘人们奏乐、舞蹈、演杂技的场面，还有的是描绘大自然的美丽风光。其中最引人注目的是飞天。壁画上的飞天，有的臂挎花篮，采摘鲜花；有的反弹琵琶，轻拨银弦；有的倒悬身子，自天而降；有的彩带飘拂，漫天遨游；有的舒展着双臂，翩翩起舞。看着这些精美动人的壁画，就像走进了灿烂辉煌的艺术殿堂。

30. 莫高窟的彩塑，每一尊都是一件精美的艺术品。最大的有九层楼那么高，最小的还不如一个手掌大。这些彩塑个性鲜明，神态各异。有慈眉善目的菩萨，有威风凛凛的天王，还有强壮勇猛的力士……

莫高窟里还有一个面积不大的洞窟——藏经洞。洞里曾藏有我国古代的各种经卷、文书、帛画、刺绣、铜像等共六万多件。由于清朝政府腐败无能，大量珍贵的文物被外国强盗掠走。仅存的部分经卷，现在陈列于北京故宫等处。

31. 其实你在很久以前并不喜欢牡丹，因为它总被人作为富贵膜拜。后来你目睹了一次牡丹的落花，你相信所有的人都会为之感动：一阵清风徐来，娇艳鲜嫩的盛期牡丹忽然整朵整朵地坠落，铺撒一地绚丽的花瓣。那花瓣落地时依然鲜艳夺目，如同一只奉上祭坛的大鸟脱落的羽毛，低吟着壮烈的悲歌离去。牡丹没有花谢花败之时，要么烁于枝头，要么归于泥土，它跨越萎顿和衰老，由青春而死亡，由美丽而消遁。它虽美却不吝惜生命，即使告别也要展示给人最后一次的惊心动魄。

32. 森林涵养水源，保持水土，防止水旱灾害的作用非常大。这正如农谚所说的："山上多栽树，等于修水库。雨多它能吞，雨少它能吐。"

说起森林的功劳，那还多得很。它除了为人类提供木材及许多种生产、生活的原料之外，在维护生态环境方面也是功劳卓著。它用另一种"能吞能吐"的特殊功能孕育了人类。因为地球在形成之初，大气中的二氧化碳含量很高，氧气很少，气温也高，生物是难以生存的。大约在四亿年之前，陆地才产生了森林。森林慢慢将大气中的二氧化碳吸收，同时吐出新鲜氧气，调节气温：这才具备了人类生存的条件，地球上才最终有了人类。

33. 森林，是地球生态系统的主体，是大自然的总调度室，是地球的绿色之肺。森林维护地球生态环境的这种“能吞能吐”的特殊功能是其他任何物体都不能取代的。然而，由于地球上的燃烧物增多，二氧化碳的排放量急剧增加，使得地球生态环境急剧恶化，主要表现为全球气候变暖，水分蒸发加快，改变了气流的循环，使气候变化加剧，从而引发热浪、飓风、暴雨、洪涝及干旱。

为了使地球的这个“能吞能吐”的绿色之肺恢复健壮，以改善生态环境，抑制全球变暖，减少水旱等自然灾害，我们应该大力造林、护林，使每一座荒山都绿起来。

34. 我国的建筑，从古代的宫殿到近代的一般住房，绝大部分是对称的，左边怎么样，右边怎么样。苏州园林可绝不讲究对称，好像故意避免似的。东边有了一个亭子或者一道回廊，西边决不会来一个同样的亭子或者一道同样的回廊。这是为什么？我想，用图画来比方，对称的建筑是图案画，不是美术画，而园林是美术画，美术画要求自然之趣，是不讲究对称的。

35. 泰山极顶看日出，历来被描绘成十分壮观的奇景。

我去爬山那天，正赶上个难得的好天，万里长空，云彩丝儿都不见。素常，烟雾腾腾的山头，显得眉目分明。同伴们都欣喜地说：“明天早晨准可以看见日出了。”我也是抱着这种想头，爬上山去。

画卷继续展开，绿阴森森的柏洞露面不太久，便来到对松山。两面奇峰对峙着，满山峰都是奇形怪状的老松，年纪怕都有上千岁了，颜色竟那么浓，浓得好像要流下来似的。来到这儿，你不妨权当一次画里的写意人物，坐在路旁的对松亭里，看看山色，听听流水和松涛。

一时间，我又觉得自己不仅是在看画卷，却又像是在零零乱乱翻着一卷历史稿本。

36. 一路从山脚往上爬，细看山景，我觉得挂在眼前的不是五岳独尊的泰山，却像一幅规模惊人的青绿山水画，从下面倒展开来。在画卷中最先露出的是山根底那座明朝建筑岱宗坊，慢慢地便现出王母池、斗母宫、经石峪。山是一层比一层深，一叠比一叠奇，层层叠叠，不知还会有多深多奇，万山丛中，时而点染着极其工细的人物。王母池旁的吕祖殿里有不少尊明塑，塑着吕洞宾等一些人，姿态神情是那样有生气，你看了，不禁会脱口赞叹说："活啦。"

37. 享受幸福是需要学习的，当它即将来临的时刻需要提醒。人可以自然而然地学会感官的享乐，却无法天生地掌握幸福的韵律。灵魂的快意同器官的舒适像一对孪生兄弟，时而相傍相依，时而南辕北辙。

幸福是一种心灵的震颤。它像会倾听音乐的耳朵一样，需要不断地训练。

简而言之，幸福就是没有痛苦的时刻。它出现的频率并不像我们想像的那样少。人们常常只是在幸福的金马车已经驶过去很远时，才拣起地上的金鬃毛说，原来我见过它。

38. 幸福常常是朦胧的，很有节制地向我们喷洒甘霖。你不要总希望轰轰烈烈的幸福，它多半只是悄悄地扑面而来。你也不要企图把水龙头拧得更大，那样它会很快地流失。你需要静静地以平和之心，体验它的真谛。

幸福绝大多数是朴素的。它不会像信号弹似的，在很高的天际闪烁红色的光芒。它披着本色的外衣，亲切温暖地包裹起我们。

幸福不喜欢喧嚣浮华，它常常在暗淡中降临。贫困中相濡以沫的一块糕饼，患难中心心相印的一个眼神，父亲一次粗糙的抚摸，女友一张温馨的字条……这都是千金难买的幸福啊。像一粒粒缀在旧绸子上的红宝石，在凄凉中愈发熠熠夺目。

39. 生活对于任何人都非易事，我们必须有坚韧不拔的精神。最要紧的，还是我们自己要有信心。我们必须相信，我们对每件事情都具有天赋的才能，并且，无论付出任何代价，都要把这件事完成。当事情结束的时候，你要能问心无愧地说："我已经尽我所能了。"

我永远追求安静的工作和简单的家庭生活。为了实现这个理想，我竭力保持宁静的环境，以免受人事的干扰和盛名的拖累。

我一直沉醉于世界的优美之中，我所热爱的科学也不断增加它崭新的远景。我认定科学本身就具有伟大的美。

40. 有一年的春天，我因病被迫在家里休息数周。我注视着我的女儿们所养的蚕正在结茧，这使我很感兴趣。望着这些蚕执著地、勤奋地工作，我感到我和它们非常相似。像它们一样，我总是耐心地把自己的努力集中在一个目标上。我之所以如此，或许是因为有某种力量在鞭策着我——正如蚕被鞭策着去结茧一般。

近五十年来，我致力于科学研究，而研究，就是对真理的探讨。我有许多美好快乐的记忆。少女时期我在巴黎大学，孤独地过着求学的岁月；在后来献身科学的整个时期，我丈夫和我专心致志，像在梦幻中一般，坐在简陋的书房里艰辛地研究，后来我们就在那里发现了镭。

41. 我为什么非要教书不可？是因为我喜欢当教师的时间安排表和生活节奏。七、八、九三个月给我提供了进行回顾、研究、写作的良机，并将三者有机融合，而善于回顾、研究和总结正是优秀教师素质中不可缺少的成分。

干这行给了我多种多样的“甘泉”去品尝，找优秀的书籍去研读，到“象牙塔”和实际世界里去发现。教学工作给我提供了继续学习的时间保证，以及多种途径、机遇和挑战。

42. 我爱这一行的真正原因，是爱我的学生。学生们在我的眼前成长、变化。当教师意味着亲历“创造”过程的发生——恰似亲手赋予一团泥土以生命，没有什么比目睹它开始呼吸更激动人心的了。权利我也有了：我有权利去启发诱导，去激发智慧的火花，去问费心思考的问题，去赞扬回答的尝试，去推荐书籍，去指点迷津。还有什么别的权利能与之相比呢？而且，教书还给我金钱和权利之外的东西，那就是爱心。不仅有对学生的爱，对书籍的爱，对知识的爱，还有教师才能感受到的对“特别”学生的爱。这些学生，有如冥顽不灵的泥块，由于接受了老师的炽爱才勃发了生机。所以，我爱教书，还因为，在那些勃发生机的“特别”学生身上，我有时发现自己和他们呼吸相通，忧乐与共。

43. 中国西部我们通常是指黄河与秦岭相连一线以西，包括西北和西南的十二个省、市、自治区。这块广袤的土地面积为五百四十六万平方公里，占国土总面积的百分之五十七；人口二点八亿，占全国总人口的百分之二十三。西部地区又是少数民族及其文化的集萃地，几乎包括了我国所有的少数民族。在一些偏远的少数民族地区，仍保留了一些久远时代的艺术品种，成为珍贵的“活化石”，如纳西古乐、戏曲、剪纸、刺绣、岩画等民间艺术和宗教艺术。特色鲜明、丰富多彩，犹如一个巨大的民族民间文化艺术宝库。

44. 西部地区是华夏文明的重要发源地，秦皇汉武以后，东西方文化在这里交汇融合，从而有了丝绸之路的驼铃声声，佛院深寺的暮鼓晨钟。敦煌莫高窟是世界文化史上的一个奇迹，它在继承汉晋艺术传统的基础上，形成了自己兼收并蓄的恢宏气度，展现出精美绝伦的艺术形式和博大精深的文化内涵。秦始皇兵马俑、西夏王陵、楼兰古国、布达拉宫、三星堆、大足石刻等历史文化遗产，同样为世界所瞩目，成为中华文化重要的象征。

45. 高兴，这是一种具体的被看得到摸得着的事物所唤起的情绪。它是心理的，更是生理的。它容易来也容易去，谁也不应该对它视而不见失之交臂，谁也不应该总是做那些使自己不高兴也使旁人不高兴的事。让我们说一件最容易做也最令人高兴的事吧，尊重你自己，也尊重别人，这是每一个人的权利，我还要说这是每一个人的义务。

快乐，它是一种富有概括性的生存状态、工作状态。它几乎是先验的，它来自生命本身的活力，来自宇宙、地球和人间的吸引，它是世界的丰富、绚丽、阔大、悠久的体现。快乐还是一种力量，是埋在地下的根脉。消灭一个人的快乐比挖掘掉一棵大树的根要难得多。

46. 欢欣，这是一种青春的、诗意的情感。它来自面向着未来伸开双臂奔跑的冲力，它来自一种轻松而又神秘、朦胧而又隐秘的激动，它是激情即将到来的预兆，它又是大雨过后的比下雨还要美妙得多也久远得多的回味……

喜悦，它是一种带有形而上色彩的修养和境界。与其说它是一种情绪，不如说它是一种智慧、一种超拔、一种悲天悯人的宽容和理解，一种饱经沧桑的充实和自信，一种光明的理性，一种坚定的成熟，一种战胜了烦恼和庸俗的清明澄澈。它是一潭清水，它是一抹朝霞，它是无边的平原，它是沉默的地平线，多一点儿、再多一点儿喜悦吧，它是翅膀，也是归巢。它是一杯美酒，也是一朵永远开不败的莲花。

47. 在湾仔，香港最热闹的地方，有一棵榕树，它是最贵的一棵树，不光在香港，在全世界，都是最贵的。

树，活的树，又不卖何言其贵？只因它老，它粗，是香港百年沧桑的活见证，香港人不忍看着它被砍伐，或者被移走，便跟要占用这片山坡的建筑者谈条件：可以在这儿建大楼盖商厦，但一不准砍树，二不准挪树，必须把它原地精心养起来，成为香港闹市中的一景。太古大厦落成之后，人们可以乘滚动扶梯一次到位，来到太古大厦的顶层，出后门，那儿是一片自然景色。一棵大树出现在人们面前，树干有一米半粗，树冠直径足有二十多米，独木成林，非常壮观，形成一座以它为中心的小公园，取名叫“榕圃”。

48. 我们的船渐渐地逼近榕树了：我有机会看清它的真面目：是一棵大树，有数不清的丫枝，枝上又生根，有许多根一直垂到地上，伸进泥土里。一部分树枝垂到水面，从远处看，就像一棵大树斜躺在水面上一样。

起初四周围非常清静，后来忽然起了一声鸟叫。我们把手一拍，便看见一只大鸟飞了起来，接着又看见第二只，第三只。我们继续拍掌，很快地这个树林就变得很热闹了。到处都是鸟声，到处都是鸟影。大的，小的，花的，黑的，有的站在枝上叫，有的飞起来，在扑翅膀。

49. 有这样一个故事。

有人问：世界上什么东西的气力最大？回答纷纭得很，有的说“象”，有的说“狮”，有人开玩笑似的说：是“金刚”，金刚有多少气力，当然大家全不知道。

结果，这一切答案完全不对，世界上气力最大的，是植物的种子。一粒种子所可以显现出来的力，简直是超越一切。

人的头盖骨，结合得非常致密与坚固，生理学家和解剖学者用尽了一切的方法，要把它完整地分出来，都没有这种力气。后来忽然有人发明了一个方法，就是把一些植物的种子放在要剖析的头盖骨里，给它以温度与湿度，使它发芽。一发芽，这些种子便以可怕的力量，将一切机械力所不能分开的骨骼，完整地分开了。植物种子的力量之大，如此如此。

50. 你看见过笋的成长吗？你看见过被压在瓦砾和石块下面的一棵小草的生长吗？它为着向往阳光，为着达成它的生之意志，不管上面的石块如何重，石与石之间如何狭，它必定要曲曲折折地，但是顽强不屈地透到地面上来。它的根往土壤钻，它的芽往地面挺，这是一种不可抗拒的力，阻止它的石块，结果也被它掀翻，一粒种子的力量之大，如此如此。

没有一个人将小草叫做“大力士”，但是它的力量之大，的确是世界无比。这种力是一般人看不见的生命力。只要生命存在，这种力就要显现。上面的石块，丝毫不足以阻挡。因为它是一种“长期抗战”的力；有弹性，能屈能伸的力；有韧性，不达目的不止的力。

51. 有一次，苏东坡的朋友张鹗拿着一张宣纸来求他写一幅字，而且希望他写一点儿关于养生方面的内容。苏东坡思索了一会儿，点点头说：“我得到了一个养生长寿古方，药只有四味，今天就赠给你吧。”一直是，东坡的狼毫在纸上挥洒起来，上面写着：“一曰无事以当贵，二曰早寝以当富，三曰安步以当车，四曰晚食以当肉。”

这哪里有药？张鹗一脸茫然地问。苏东坡笑着解释说，养生篓的要诀，全在这四句里面。

52. 所谓“无事以当贵”，是指人不要把功名利禄、荣辱老虎得太多，如能在情志上潇洒大度，随遇而安，无事以求，这比富贵更能使人终其天年。

“早寝以当富”，指吃好穿好、财货充足，并非就能使你长寿。对老年人来说，养成良好的起居习惯，尤其是早睡早起，比获得任何财富更加宝贵。

“安步以当车”，指人不要过于讲求安逸、肢体不劳，而应多以步行来替代骑马乘车，多运动才可以强健体魄，通畅气血。

“晚食以当肉”，意思是人应该用已饥方食、未饱先止代替对美味佳肴的贪吃无厌。他起步解释，饿了以后才进食，虽然是粗茶淡饭，但其香甜可口会胜过山珍。

53. 人活着，最要紧的是寻觅到那片代表着生命绿色和人类希望的丛林，然后选一高高的枝头站在那里观览人生，消化痛苦，孕育歌声，愉悦世界！

这可真是一种潇洒的人生态度，这可真是一种心境爽朗的情感风貌。

站在历史的枝头微笑，可以减免许多烦恼。在那里，你可以从众生相所包含的甜酸苦辣、百味人生中寻找你自己，你境遇中的那点苦痛，也许相比之下，再也难以占据一席之地，你会较容易地获得从不悦中解脱灵魂的力量，使之不致变得灰色。

54. 人站得高些，不但能有境早些领略到希望的曙光，还能有幸发现生命的立体的诗篇。每一个人的人生，都是这诗篇中的一个词、一个句子或者一个标点。你可能没有成为一个美丽的词，一个引人注目的句子，一个惊叹号，但你依然是这生命的立体诗篇中的一个音节、一个停顿、一个必不可少的组成部分。这足以使你放弃前嫌，萌生为人类孕育新的歌声的兴致，为世界带来更多的诗意。

人生不能像某些鱼类躺着游，人生也不能像某些兽类爬着走，而应该站着向前行，这才是人类应有的生存姿态。

55. 中国的第一大岛、台湾省的主岛台湾，位于中国大陆架的东南方，地处东海和南海之间，台湾海峡和大陆相望。天气晴朗的时候，站在福建沿海较高的地方，就可以隐隐约约地望见岛上的高山和云朵。

台湾岛形状狭长，从东到西，最宽处只有一百四十多公里；由南到北，最长的地方约有三百九十多公里。地形像一个纺织用的梭子。

台湾岛地处热带和温带之间，四面环海，雨水充足，气温受到海洋的调剂，冬暖夏凉，四季如春，这给水稻和果木生长提供了优越的条件。水稻、甘蔗、樟脑是台湾的“三宝”。

56. 台湾岛上的山脉纵贯南北，中间的中央山脉犹如全岛的脊梁。西部为海拔近四千米的玉山山脉，是中国东部的最高峰。全岛约有三分之一的地方是平地，其余为山地。岛内有缎带般的瀑布，蓝宝石似的湖泊，四季常青的森林和果园，自然景色十分优美。西南部的阿里山和日月潭，台北市郊的大屯山风景区，都是闻名世界的游览胜地。

台湾岛还是一个闻名世界的“蝴蝶王国”。岛上的蝴蝶共有四百多个品种，其中有不少是世界稀有的珍贵品种。岛上还有不少鸟语花香的蝴蝶谷，岛上居民利用蝴蝶制作的标本和艺术品，远销许多国家。

57. 对于中国的牛，我有着一种特别尊敬的感情。中国的牛永远沉默地为人做着沉重的工作，在大地上，在晨光或烈日下，它拖着沉重的犁，低头一步又一步，拖出了身后一列又一列松土，好让人们下种，等到满地金黄或农闲时候，它可能还得担当搬运负重的工作；或终日绕着石磨朝同一方向，走不计程的路。在它沉默的劳动中，人便得到应得的收成。中国的牛，没有成群奔跑的习惯，永远沉沉实实的，默默地工作，平心静气，这就是中国的牛。

58. 从未见过开得这样盛的藤萝，只见一片辉煌的淡紫色，像一条瀑布，从空中垂下，不见其发端，也不见其终极，只是深深浅浅的紫，仿佛在流动，在欢笑，在不停地生长。紫色的大条幅上，泛着点点银光，就像迸溅的水花。仔细看时，才知那是每一朵紫花中的最浅淡的部分，在和阳光互相挑逗。

花和人都会遇到各种各样的不幸，但是生命的长河是无止境的。我抚摸了一下那小小的紫色的花舱，那里满装生命的酒酿，它张满了帆，在这闪光的花的河流上航行。它是万花中的一朵，也正是由每一个一朵，组成了万花灿烂的流动的瀑布。

59. 在一次名人访问中，被问及上个世纪最重要的发明是什么时，有人说是电脑，有人说是汽车，等等。但新加坡的一位知名人士却说是冷气机。他解释，如果没有冷气，热带地区如东南亚国家，就不可能有高的生产力，就不可能达到今天的生活水准。他的回答实事求是，有理有据。

看了有关报道，我突发奇想：为什么没有记者问：“20 世纪最糟糕的发明是什么?”其实二〇〇二年十月中旬，英国的一家报纸就评出了“人类最糟糕的发明”。获此“殊荣”的，就是人们每天大量使用的塑料袋。

60. 诞生于上个世纪三十年代的塑料袋，其家族包括用塑料制成的快餐饭盒、包装纸、餐用杯盘、饮料瓶、酸奶杯、雪糕杯等等。这些废弃物形成的垃圾，数量多、体积大、重量轻、不降解，给治理工作带来很多技术难题和社会问题。

比如，散落在田间、路边及草丛中的塑料餐盒，一旦被牲畜吞食，就会危及健康甚至导致死亡。填埋废弃塑料袋、塑料餐盒的土地，不能生长庄稼和树木，造成土地板结。而焚烧处理这些塑胶垃圾，则会释放出多种化学有毒气体，其中一种称为二噁英的化合物，毒性极大。

此外，在生产塑料袋、塑料餐盒的过程中使用的氟里昂，对人体免疫系统和生态环境造成的破坏也极为严重。

（上述 60 条散文片段均节选自国家语言文字工作委员会普通话培训测试中心：《普通话水平测试实施纲要》，商务印书馆，2010 年版）

第三章

新闻播报与新闻评述

听新闻播报与评述

播音与主持艺术专业的培养目标是具备广播电视新闻传播、语言文学、播音学以及艺术、美学等多学科知识与能力，能在广播电台、电视台及其他相关单位从事广播电视播音与节目主持工作的复合型应用语言学高级专门人才。所以，播音与主持艺术专业说到底是新闻专业。于是，“新闻播报”与“新闻评述”也就成了学习该专业、报考该专业和培养学生的重要内容。

通过“有稿能播”和“无稿能说”的练习和训练，同学们能够掌握有声语言基本的表达规范，以及表达过程之中的层次、逻辑，为今后自如驾驭评论性文章和高水平地主持新闻类栏目打下坚实基础。同时，通过学习与训练，还能够较熟练地掌握新闻评述再创作的方法与思路，以确保今后在主持新闻类栏目时能够流畅、清晰地对正在发生的问题和动向进行分析，直接、明确地表达观点，提出解决方法，起到影响舆论、引导舆论、指导社会生活的作用。

一名合格的播音与主持艺术专业的学生要“做党的喉舌、发时代的强音”，就必须具备“有稿能播、无稿能说、提笔能写、前期能拍、后期能编”的“五能”要求。

第一节　新闻播报与新闻评述概述

一、新闻播报与新闻评述

一般来说，播音员和主持人必须要掌握的新闻类稿件主要有消息类、通讯类和评论类（俗称新闻类稿件的三大类别）。本书中的新闻播报是指消息类新闻稿件的播音。

新闻评述即针对新闻播报提出的新闻事实以及新近或正在发生的新闻事件，进行思考与明辨，直接、鲜明阐述自己的立场、观点和态度并提出实际、有效的解决方法。

二、新闻播报与新闻评述的语言表达样态

1. 新闻播报的语言表达样态。新闻播报是播音员和主持人在播报消息类新闻文字稿件中最基本、最重要、最具特色的语言样态。

中国传媒大学原博士生导师、播音界泰斗张颂教授，对我国消息类新闻稿件播报的语言样态做出过这样的阐述：“字正腔圆、呼吸无声、感而不入、语尾不坠、语势稳健、讲究分寸、节奏明快、语流晓畅。”

“字正腔圆，呼吸无声”强调的是表达的准确、清晰、响亮、圆润、纯正、流畅，口腔的调整、气息的支撑等基本功扎实、自如、到位。

“感而不入，语尾不坠”强调的是消息类新闻稿件的真实性、客观性，对播音员和主持人播报时的感情色彩、声音语调提出的要求。

“语势稳健，讲究分寸”强调的是消息类新闻稿件的严肃性、新闻性对播音员和主持人在语感上提出的要求，即对“有理，有据，有节”分寸的把握。

“节奏明快，语流晓畅”则是指消息类新闻稿件播报的时效性要求，

即准确、清晰、迅速、流畅，同时，这也是数字时代的受众在听觉上的要求。

张颂教授的总结权威、全面、精辟地阐述了由1940年12月30日诞生于陕北革命圣地延安的“延安新华广播电台”第一代播音员开创并继承至今的我国新闻播报的语言样态，值得我们认真学习、认真理解、认真贯彻执行。

2. 新闻评述的语言样态。如果说，消息类播报的语言样态是以事明理，通讯类播报的语言样态是以情动人，那么，评述类播报的语言样态则是以理服人。

新闻评述是一种对口语表达要求较高，适宜于听觉审美取向的有声语言的表达形式。报纸登载的评论文章，读者可以反复阅读、反复思考。但是新闻评述的口语表达却是稍纵即逝的。因此，新闻评述首先要让受众听得懂、听得清、听得具体、听得易于接受。既然要以理服人，那么新闻评述的语言样态就应呈现为：观点鲜明、逻辑严谨、层次清晰、重点突出、语言流畅、分寸恰当。在此基础上，还应该做到深入浅出、通俗易懂。

深入浅出的“浅”指其表达的观点、内容短小精干，语言简短有力，言简意赅，语气坚定自信，有较强的针对性。表达中多用口语、短语，浅显、通俗、易懂，能晓之以理，动之以情，亲切自然。

深入浅出的“深”指其表达的主题鲜明、论证精辟、叙事准确、寓意深邃、内涵丰厚、启迪深远，能起到引导舆论的作用。

三、新闻播报与新闻评述的关系

1. 新闻播报要做到“有稿能播”，新闻评述要做到“无稿能说”，前者有熟悉稿件的时间，可以利用“内三”“外四”的技巧将文字语言转化为有声语言，而后者则只能边想边说，边思考边组织语言。

2. 新闻是由头，评述是内容；新闻是事实，评述是背景；新闻是“是什么”，评述是“为什么”。所以，新闻稿件的播报为评述提供分析、判断、明辨的事实依据，而评述是以理服人的具体方法。

3. 新闻播报与新闻评述是互相依托、紧密相关、不可分割的。有了新闻播报的事实，才会有针对新闻事实展开话语的新闻评述。也可以说，新闻评述是新闻播报的主题升华。

第二节　新闻播报与新闻评述的训练与表达

一、学习新闻播报与新闻评述的训练意义

通过“有稿能播”和“无稿能说”的练习和训练，同学们能够掌握有声语言基本的表达规范，以及表达过程之中的层次、逻辑，为今后自如驾驭评论性文章和高水平地主持新闻类栏目打下坚实基础。同时，通过学习与训练，还能够较熟练地掌握新闻评述再创作的方法与思路，以确保今后在主持新闻类栏目时能够流畅、清晰地对正在发生的问题和动向进行分析，直接、明确地表达观点，提出解决方法，起到影响舆论、引导舆论、指导社会生活的作用。

二、新闻播报与新闻评述的表达思路

1. 新闻播报的表达思路。消息类新闻的结构一般包括导语、主体、背景和结尾四个部分。

导语部分的播报应将消息类新闻中的“5 个 W”交代清楚，突出主题、明确基调、吐字清晰、语势稳健；主体部分则应承接导语，层次分明、语尾不坠、语流晓畅；背景部分应交代充分、凸显主旨、真实客观、节奏明快；结尾部分则应顺势概括、讲究分寸、语气舒展、自然收尾。

总之，新闻播报应以播为主，语言规范、重音准确、停连恰当、语气生动、节奏明快。

2. 新闻评述的表达思路。新闻评述的表达大体分为三个层次：指出问题、分析问题、解决问题。

指出问题：先将消息类新闻的事实做简单扼要、概括性的复述，指

出新闻稿件报道的事实所反映出来和需要解决的问题。表达应以口语为主，因为口语表达简明通俗、易于理解、易于接受、易于吸取，更利于调动受众的参与热情。同时，口语表达还应尽量简短，注重逻辑的严谨和语言表达的流畅自如。

分析问题：抓住新闻稿件的重点内容，迅速选择新闻评述的立足点、着眼点、出发点，以创新的思维、创新的立意、创新的视角、创新的观点，积极主动、热情真挚地进行表达。这样便突出了主题、抓住了重点、评出了新意、升华了主旨。在口语表达时切忌居高临下、刻板生硬、以势压人。要娓娓动听地说、真诚耐心地述，真挚坦诚、推心置腹地与受众交流。

解决问题：根据分析出来的原因，找出解决问题的办法，以解决问题为导向，以解决方法为重点。口语表达中应说真话、讲真事、动真情，具体分析、具体梳理，平等真诚、分寸适度，以感人心田的话语，给受众以精神上的启迪，使受众从对新闻内容的感性认识，升华到理性领悟，以起到引导舆论的作用。

总之，新闻评述应以评为主，明确主题、确定基调、构思内容、分清层次、凸显目的、抓住重点、组织语言、引导舆论。

三、新闻播报与新闻评论的表达原则

播报——以事明理。字音准确清晰，注重停连重音，表达节奏明快。

评述——以理服人。语气真诚流畅，事实条理清晰，逻辑严谨缜密。

第三节　新闻播报[1]与新闻评述范例及部分试题

一、新闻播报与新闻评述范例

谁说远方才有诗意的生活?

新闻播报：

这几天，杭州电子科技大学的食堂火了，因为打饭窗口画风突变！

“咸菜肉片 2.5 元”“玉米青豆 3 元”的菜单下面，居然出现了“不错过花开的美丽/屋檐躲一场雨/星星眨眼的秘密”，“友人拍下肩/要顺其自然/指尖无意间/老去的容颜”……

12 个打饭的窗口被诗歌刷屏！而且，这些诗，全是食堂的师傅写的。他叫宋成宝，41 岁，原籍山东。他在厨房炒菜，他说他喜欢方文山。周董的歌刚刚霸屏全网，这位有诗歌梦的炒菜师傅，也刷屏了一下学校食堂。

消息来源：2019 年 9 月 19 日　人民网—地方新闻《写 1000 多首诗“发表”在打饭窗口　这位食堂师傅火了》

新闻评述：

一腔热血，两袖清风，三尺灶台，四季寒暑，五味诗篇。“厨师诗人”让我看到了生活，不仅仅是生下来，活下去，还可以把眼前的平凡过成诗：他在中国戏曲学院激发了创作思维，创作了上千首诗；在浙江传媒学院怀揣着主持梦想，积累了文学知识；在杭州电子科技大学食堂小小的一方窗口施展，吸引了众多学子驻足，感动了别人，成就了自己。

---

① 本书新闻播报部分消息为节选，有改动。

生活中一些年轻人被工作磨平个性的棱角，为了融入环境安于现状，为了金钱牺牲梦想。迷茫了自己，限制了眼界，停止了成长。一句歌词唱进了很多人的心：“生活不止眼前的苟且，还有诗和远方的田野。”其实，远方不远，手里的笔可以成为丈量田野的尺；生活不淡，手里的勺可以成为执掌滋味的舵；窗口不凡，无声的言可以成为诗意生活的舞台。

谁说远方才有诗意的生活，谁说眼前多是平淡的苟且，这些平凡的细腻也可以成为生活最好的注脚。

不要用侥幸的心理触碰规则的底线

新闻播报：

日前，上海铁路公安处查处了一起恶意逃票案，一高学历男子利用花式逃票乘车480次，省下近2万的路费，影响极其恶劣，目前已被警方逮捕。

乘车逃票事件屡见不鲜，也是一些投机钻营者惯用的伎俩，但是逃票能逃出一番境界，并且采用花式逃票多达480次，这是个小概率，也是投机钻营者处心积虑的结果，正如谚语所言，常在河边走，哪有不湿鞋，该男子因为逃票数额巨大，累计达到2万元，已构成诈骗罪被依法逮捕。

消息来源：2019年9月9日　新闻资讯网《研究生逃票480次上海无锡高铁花式逃票被曝光》

新闻评述：

480次逃票，“节省”2万路费，高学历，几个关键词为我们迅速勾勒出一幅个人画像。高学历、高薪酬，却模糊了内心道德的红线。

被利益蒙住双眼，被侥幸占据内心，辜负社会信任而冲破最后的底线。高铁“霸座家族”层出不穷，铁路买短乘长屡禁不止，高学历没能匹配上高素质，高薪资没能驾驭高道德，在社会规则面前，这些“高”用到哪儿去了呢？

法律是道德的底线，规则是文明的底线，建立健全社会信用制度，不要让铁路黑名单成为一纸空文，不要让监管对于漏洞后知后觉，更不要让“高”人用侥幸之心在素质和道德面前“低”人一等。

邮码时代，是信的追求还是心的不挽留

新闻播报：

针对部分媒体刊发的《邮政编码要取消了？……》《邮政编码要替代了……》等报道，今天（8 月 5 日）下午，国家邮政局发表声明称，取消邮政编码与事实不符。

国家邮政局在说明中称，2019 年 7 月 16 日，国家邮政局发展研究中心和北京大学时空大数据创新中心共同主办了国家重点研发计划“全球位置框架与编码系统”的子课题“泛在位置语义表达与位置服务方法”项目研讨会。本次专家研讨会中并未涉及“取消邮政编码”“废止邮政编码”等相关内容。

目前，该项目仍处在研究工作阶段。国家邮政局感谢社会各界对本项目研究的关注和支持，敬请继续从国家邮政局发展研究中心官方网站等正规渠道获取最新研究进展情况。

消息来源：2019 年 8 月 5 日　《新京报》《辟谣｜国家邮政局：“取消邮政编码”与事实不符》

新闻评述：

随着生活节奏的加快，那些属于“从前慢”的时代的事物一一离我们远去。邮政编码这项走过半个世纪的技术也终将面临走进博物馆的一天。虽然官方否定了取消邮政编码的传言，但是对于新型编码系统的研究已经给了我们心照不宣的答案。从飞鸽传书到驿站投递，从熟人捎带到邮政速递，中国邮政体系的每一次革新，都伴随着技术和准确性的进步。新技术的流行，总是宣告着老技术的淘汰。而随着大数据时代的数字定位技术井喷式发展，在人们为技术惊叹的同时，曾作为中国邮政系统不可或缺的邮政编码，也将在不久的将来退出历史的舞台。

有些没落是发展的代谢，有些遗忘是时代的选择，我们没有必要强留或是哀叹，作为这一即将消逝时代的亲历者和见证者的我们，挽留的不应该是技术，而是技术背后承载的人情。彼时，“烽火连三月，家书抵万金”“马上相逢无纸笔，凭君传语报平安”，家人亲友遥盼书信的场景一去不复返。技术变了是时代的需求，不变的是人情的凝聚！

正确演绎父母角色　陪伴孩子健康成长

新闻播报：

“写完作业了吗?”“今天认真听课了没有?”……这些问题家长常常会脱口而出。孩子放学回家听到这些盘问都会有一种自己做错了事情的感觉，久而久之就什么都不愿意说了。家长在与孩子沟通时，面对其消极情绪，父母需要做的是接纳并教会孩子如何恰当地表达自己。

在与孩子沟通的过程中，家长对于孩子诉说的内容，一定要用心地倾听，在充分了解了事情原委和孩子的体验感受后，用微笑的表情和抚爱的动作、有亲和力的语言表达自己的理解和同感。孩子表达困难时，需要家长的理解，只有真正了解了孩子的情绪来源和他们共情，问题才有可能迎刃而解。

消息来源：2020 年 10 月 21 日　《北京青年报》《家长与孩子沟通尊重应是基础》

新闻评述：

现在很多父母与孩子缺乏沟通，孩子成了家长“最熟悉的陌生人”。为什么孩子不愿与父母交流沟通？最有可能的原因是：在家庭的对话中，父母与孩子不是站在一个平等的位置。父母是道德的评判者、永远正确的建议者、喋喋不休的说教者，这使家庭对话充满着说服、威胁与控制，阻碍了孩子表达内心感受；或许父母在听过孩子的诉说后，表现出的是对孩子感受的不接纳，孩子们悲伤失望，或选择沉默，或愤怒对立。事实上，与说教相比，父母倾听与接纳更具有建设性和有效性，因为倾听与接纳让孩子感觉到受尊重、有价值，才能有足够的力量去改变自己，去接受意见、化解困扰、收获成长。

教育专家认为，决定孩子一生的不是学习成绩，而是健全的人格、良好的修养。在一个人的受教育经历中，最大的影响因素莫过于学校和家庭，学校传授给孩子知识和技能，家庭培育孩子的人性、情感、品位、视野等。想让孩子成为一个人格健全的人，学校与家庭相比，显然后者更为重要。

常言道："父母是孩子最好的老师。"因此，父母应深刻认识到家庭教育的重要性，认识到亲子关系的自然性、社会性和持续性，正确演绎父母的角色。在孩子成长过程中，营造充满父爱母爱的家庭环境，以健康积极的心态予以陪伴和教育，引导孩子成为一个善良、正直、坚强、阳光的人，一个充满正能量、对社会有用的人。

借力区域协同　推进旅游业发展

新闻播报：

近年来，秦皇岛坚持把生态安全摆在突出重要位置，紧扣发展与保护两大主题，统筹山水林田湖海沙治理，全市绿量绿质大幅提升，城乡绿色生态面貌持续改善。"十三五"期间，全市完成营造林面积 236 万亩。

在科学开展营林绿化的同时，坚持把野生动植物资源、栖息地及湿地保护提高到保护生态环境、维护生态平衡和促进经济社会可持续发展的高度，统筹推进。目前，已建设 3 处国家级湿地公园，湿地修复面积 979.7 公顷，整治岸线长度 25770 米，植被恢复 68.02 公顷。

消息来源：2022 年 6 月 2 日　人民网河北频道《秦皇岛：护美绿水青山　筑牢生态屏障》

新闻评述：

借力于京津冀区域协同，秦皇岛得天独厚的旅游资源得以有效挖掘，而当前正稳步实施的奥运旅游战略，更有利于其旅游产业与世界接轨和全面升级，将促进该市旅游资源红利充分释放。秦皇岛市旅游业的良好发展，正是旅游业区域协同与跨区域竞争的成功案例。

新常态下，统一区域市场、整合资源配置是经济发展的内生要求，对于旅游业而言更为突出。旅游业发展已进入区域协同与跨区域竞争的新时代，这为部分地区旅游业相对落后的地区特别是中、西部地区带来了发展契机，也为全国范围内统筹旅游发展提供了思路。

作为一个带动性强的综合性产业，旅游业在促进区域一体化，实现区域经济互补互利，形成区域经济集约优势等方面发挥着越来越重要的作用。希望各地借鉴秦皇岛市借力京津冀区域协同战略推进旅游业发展的成功经验，加快实现区域旅游要素在地区之间重新配置、整合与优化，形成规模更大、结构更佳、品牌更高的旅游目的地，并充分发挥旅游业综合带动作用，使旅游业在促进区域发展中扮演更为重要的角色。

推行诚信考场　建设诚信中国

新闻播报：

近日，在巴中职业技术学院教育学院 314 考场，只见 30 名考生埋头答题，却没有监考老师的身影。原来，这是该校设立的“诚信考场”。2021 年 1 月起，教育学院 2020 级小学教育 23 班 49 名同学，参加了 7 门课程的诚信考试，开启无人监考新模式。

据了解，“诚信考场”参与班级的考生要提前签署“期末考试免监考承诺书”，考场只设一名主考老师，不设监考老师。主考老师负责试卷的收发、清点学生人数、检查证件、填写监考记录等。考试前 15 分钟，全体考生将所带书包、手机等与考试无关的物品交到讲台，自觉按照随机编排的座位入座。开考前主考老师分发试卷，开考铃声响起即离场。考试过程的纪律全凭学生的自我约束和彼此监督。其间学校会安排巡视员不定期巡视。考试 90 分钟后，答卷结束的考生自觉将试卷交到讲台，有序离场。

消息来源：2021 年 1 月 11 日　人民网四川频道《巴中职业技术学院设立“诚信考场”开启无人监考新模式》

新闻评述：

“百年树人，德育为先”，诚信教育对于学生而言至关重要。“诚信考场”是对学生诚信教育的一次有效实践，它促使学生感受公平、适应规则、学会自律，引导学生养成良好的诚信意识和行为习惯，值得各高校乃至中小学借鉴。事实上，诚信教育不仅仅需在教育领域引起重视，也需在全国全社会积极推广。

中国是具有五千年历史的文明古国，诚信一向是中国人引以为傲的美德。党的十八大报告将诚信纳入社会主义核心价值观，加强诚信体系建设是构建社会主义和谐社会的重要基础。建设诚信社会，不能仅靠道德观念来引导，更要靠制度来约束，通过“道德”与“规则”双管齐下。可立足我国社会实际，借鉴发达国家社会信用体系建设经验，加快推进我国社会信用体系建设，构建包含完善的法律制度、严密的信息网络、严厉的惩罚机制在内的社会信用体系，对个人或团体的社会信用行为进行有效约束，让守信者一路畅通、失信者寸步难行。

一个人的信用，反映的是他的自身；而一个社会的信用，反映的则是民族的精神素质。一个诚信的民族，才能跻身于世界民族之林；一个诚信的国家，才能为国际所认可。在欲图实现民族复兴的当下中国，推行诚信考场，对提升国民素质、优化社会风尚意义重大。我们希望，这样的诚信考场不只局限于校园，它应在经济、科技、文化等全社会各个领域不断涌现。

预制菜爆火背后：行业屡曝食品安全、商业诚信等问题

新闻播报：

近期，在人民网“人民投诉”平台上，不少用户“吐槽”了购买预制菜时遇到的“糟心事”。比如，来自黑龙江的“网友用户 49867827”

表示，自己食用网购的自发热火锅时发现，一只完整的蚂蚁嵌在粉条里面，在多次与客服沟通后，未能获得相应道歉和补偿。

疫情以来，在“宅经济”的拉动下，预制菜产品火爆“出圈”。与此同时，相关产品潜在的食品安全、商业诚信等问题也备受关注，争议不断。

消息来源：2022 年 8 月 6 日　人民网《预制菜爆火背后：行业屡曝食品安全、商业诚信等问题》

新闻评述：

“五分钟一道菜，八分钟一个汤。对我来说预制菜能实现‘做饭自由’!”符合当下快节奏生活的预制菜火“出圈”，受到了广大年轻消费群体的欢迎。可最近，潜在的食品安全问题、商业诚信问题，也让预制菜备受关注，争议不断。

以法律法规建设、执法能力建设、社会信用建设以及公民道德建设四点为抓手，构建起完善的法制体系和信用体系，才是化解我国食品安全问题的终极之道。

民以食为天，食以安为先。民众应该如何面对食品安全问题？是消极调侃，还是积极参与，让注重诚信从我做起？我想，我们心中已有答案。

莫道桑榆晚　最美夕阳红

新闻播报：

重阳节又被称为“老人节”，尊老、敬老、爱老是中华民族的传统美德。10 月 12 日，在重阳节来临之际，兰州市各街道社区积极组织开展丰富多彩的敬老、爱老活动，弘扬中华民族“尊老、敬老、爱老、助老”的传统美德。

消息来源：2021 年 10 月 13 日　《兰州日报》　《重阳节里活动多　敬老爱老情意浓》

新闻评述：

九九重阳节距今已有两千多年的历史，自古以来所承续和推崇的敬老活动是节日的重心。1988 年我国政府将农历九月初九正式定为“老人节”，旨在倡导全社会树立尊老、敬老、爱老、助老的良好风气。

爱老助老的民族是优秀的民族，弘扬孝道的社会是文明进步的社会。我们在倡导敬老爱老的社会氛围时，更应思考如何才能做到对老人的真正关爱，为老人营造幸福的晚年生活。当前，我国老龄化问题日趋突出，表现在社会保障制度不健全、养老服务体系不完善、空巢老人特别是农村空巢老人数量急剧上升，等等。应对人口老龄化，已成为建设社会主义和谐社会的重要任务之一。我们应对全社会养老保障问题予以高度重视，建立健全社会养老保障制度，逐步构建完善养老服务体系，针对空巢、残疾、贫困老人予以特殊保障，通过家庭、社会、国家等多方联动，确保所有老人都能够老有所养、老有所乐。

老吾老以及人之老。愿全社会所有老人都有幸福安乐的晚年。

冰川融化　我们能做些什么

新闻播报：

欧洲地区今年夏季持续遭受热浪袭击，多地气温创历史新高，这进一步加速冰川融化。据“瑞士资讯”网日前报道，自 1850 年以来阿尔卑斯冰川的体积大约缩减了 60%。照此发展，瑞士 1500 座阿尔卑斯冰川有半数将在未来 30 年内消失。不只在瑞士，在世界其他许多地方也有许多冰川在融化，凸显了近年来全球变暖对生态环境造成的严重影响及应对气候变化行动的紧迫性。

消息来源：2022 年 8 月 19 日　新华网《综述：高温热浪加速全球冰川消融》

新闻评述：

温室效应致使全球变暖，进而导致冰川融化。冰川融化的最大影响在于它将彻底改变地球与太阳的关系，当阳光照射在冰层，90%的光会像照射在镜子上一样，反射回到外太空；但是当阳光照射在海面，90%以上的能量会被吸收，于是周围的海水会变暖，加剧冰川融化，长此以往，恶性循环。如果最终两极的冰川都不存在了，地球变暖的速度将大大加快，导致干旱、炎热、洪灾等极端气候频繁出现。

当前，国际社会正为应对全球变暖采取积极的行动与措施。而作为“地球村”的普通“村民”，我们又能力所能及做些什么呢？

事实上，一些简单易行的改变，就可以减少家庭能源的消耗，进而减少二氧化碳的排放：离家较近的上班族可以骑自行车上下班而不是开车；短途旅行选择火车而不是搭乘飞机；注重随手关灯，使用节能灯泡；在不需要继续充电时，随手从插座上拔掉充电器；如果一小时内不使用电脑，顺手关上主机和显示器……

冰川融化给我们敲响了警钟：地球，正面临巨大的威胁。保护地球，就是保护自己的家园。面对生态环境恶化，我们不能仅仅停留在担忧和抱怨上，节约能源、减少排放、保护生态取决于你、我、他每一个人的行动。让我们行动起来，抛掉自私自利的陋习，以博大无私的善心、善行，挽救地球家园的命运，换取我们和子孙后代得以继续生存的未来。

重视传统文化　传承中华文明

新闻播报：

4日，丁酉（2017）年清明公祭轩辕黄帝典礼在陕西省黄陵县黄帝陵举行。一万多名海内外中华儿女怀着崇敬之情共同祭拜中华民族的人文始祖轩辕黄帝。

公祭典礼于上午9时50分开始，现场击鼓34声、鸣钟9响。随后，各界代表敬献花篮。“吾祖赫赫，伟业煌煌……追先贤往圣恢宏之大业，圆中华民族复兴之梦想……”陕西省省长胡和平恭读祭文，追思黄帝的丰功伟绩，传达出中华儿女携手奋进的共同心声。在场全体人员向轩辕黄帝像静默，并行三鞠躬礼，表达慎终追远、传承文明之情。

气势恢宏的乐曲声中，庄严肃穆的告祭乐舞展现了天下炎黄子孙怀祖归宗的血脉之情和盛世中华的盛景。一条 56 米长的“中华龙”腾空升跃，演绎“桥山龙驭”，现场爆发出阵阵掌声和欢呼声，典礼圆满结束。

消息来源：2017 年 4 月 4 日　新华社《丁酉清明公祭轩辕黄帝典礼在陕西黄陵举行》

新闻评述：

众所周知，世界上四大文明古国——中国、古埃及、古印度、古巴比伦，都拥有其他国家不可比拟的古文明，但其中唯有中华文明，历经五千年风风雨雨仍绵延不绝，脉络不断。海纳百川，大浪淘沙，最终造就了中华传统文化的博大精深。

身处科技日新月异、世界民族融合的当代社会，身为中华儿女的我们，重视传统文化、传承中华文明是历史赋予我们的责任。先辈给我们留下的五千年文化遗产，既是中华民族的无价之宝，也是维系中华民族子孙后代认同感与归属感的纽带，我们有责任继承发扬。

没有文化的巨人，就没有强大的民族；没有文明的巨轮，就没有昌盛的国家。衷心希望弘扬中华文明的活动多多开展，让年轻一代能够有更多机会了解、发现中华传统文化之美；也衷心祝愿，具有五千年历史的中华文明在新时代迸发出更加旺盛的生命力；更由衷相信，无论何时何地，每一个中华儿女都会骄傲地自豪地自信地向世界展示中华文明。

4 号线年底全线运营　汉阳步入地铁时代

新闻播报：

昨日，武汉市城建委介绍，备受关注的地铁 4 号线二期目前全线完成铺轨，年底前确保通车，届时地铁 4 号线一期和二期将连为一体，从汉阳到武昌的通行时间将大为缩短，也将帮助上班族大大提高准点率。

与二环线关联的楚雄大街改造、墨水湖北路工程和龙阳大道改造也将于年底完工。此外，三环线改造工程也将于年内完成。

消息来源：2014 年 10 月 9 日　荆楚网－楚天荆报　《年内江城交通将大改观：二环画圆，三环改造完成，地铁 4 号线一二期贯通》

新闻评述：

地铁 4 号线串起汉阳和武昌，是武汉市第二条穿越长江的地铁。该工程分两期建设，一期从武汉火车站至武昌火车站，二期从武昌火车站至汉阳黄金口。地铁 4 号线实现全线运营后，汉阳从此步入地铁时代，地铁串起武汉三镇，长江一桥的交通拥堵也得到一定缓解，极大方便沿线市民工作和生活。

事实上，地铁不仅仅是一种城市交通工具，它也在改变着城市的生活。因为地铁的准时准点，人们出行前对目的地距离的衡量标准，已从地理距离变成准确的时间距离；许多市民放弃私家车选择乘坐地铁出行，逐渐养成了“节约能源，减少排放”的环保生活方式；地铁商业日渐兴旺，方便了市民，也为社会提供和开辟了更多就业空间；而地铁站口已成为好多怀揣音乐梦想的朋友的舞台，拨动琴弦，忘情歌唱。地铁在现代，所承载的已经超越了其交通工具的本来意义，而逐渐成为我们生活中的一个重要部分。

今天，你采取了乘坐地铁这种生活方式吗?

新能源成车展亮点　智能化引行业潮流

新闻播报：

巴黎国际车展 2 号对媒体开放，来自 18 个国家的超过 250 个汽车品牌参加今年的展会。其中，新能源汽车、智能互联网汽车所占比重较上次展会有明显增加。展会还专门为参观者开设了混合动力汽车和纯电动汽车试驾体验中心。

消息来源：2014 年 10 月 3 日　央视网《国际联播快讯》

新闻评述：

新能源车和智能互联网汽车近年来一直是各大车展的最大看点，因为它是一种潮流，引领汽车未来发展的方向，更是未来社会的需求。面对全球范围日益严峻的能源形势和环保压力，当前世界主要汽车生产国都把发展新能源汽车作为提高产业竞争能力、保持经济社会可持续发展的重大战略举措。

从技术层面看，新能源汽车和智能互联网汽车技术逐渐成熟，已经进入产品竞争期；从市场需求看，新能源汽车和智能互联网汽车也已具备了市场基础，能耗成本、政策支持的倾向等多方面都让人们对其充满期待。但目前存在的购车成本高、维护成本高、能源补充耗时长等问题，在一定程度上限制了新能源汽车和智能互联网汽车市场的快速拓展。

本届巴黎车展舞台上，新能源汽车和智能互联网汽车算得上是当仁不让的主角。主角要想获得支持，就必须是贴近生活的。同样，新能源车和智能互联网汽车也不能只是舞台上赢得喝彩的花旦，最重要的是走下舞台之后，能适应人们的需求，快速融入人们的生活。

开启创意总动员　推进智造与创造

新闻播报：

作为成都创意设计周的重要组成部分——双百创意总动员 10 月 1 日在成都市隆重拉开帷幕，102 个活动，以创意设计、创意展示、创意互动、创意对话等形式，以国际化、时尚化、本土化、年轻化为特点，让广大市民与旅游的人们一饱眼福，领略了一场丰富的文化创意盛宴。记者昨（7）日了解到，7 天中，双百创意总动员参与机构达 2000 余家，参展作品超过 4000 件，现场参与的市民、游客达到 381 万人次，直接文化创意产品交易额突破 2200 万人民币，带动相关产业的交易额过亿，综合效益相当可观，远远超过预期的目的。

消息来源：2014 年 10 月 8 日　成都全搜索《成都创意设计周：双百创意总动员》

新闻评述：

作为中国首批历史文化名城的成都，文化资源得天独厚，人文环境、人居环境、创新环境俱佳，从古至今就是一座充满创意、富有文化创造力的城市。金沙遗址的太阳神鸟，是璀璨的文化创意；世界上最古老的水利工程——都江堰水利工程，是惠及千古的科学创意；世界第一张纸币交子，是伟大的经济创意……而在今天的成都，在市委、市政府一系列产业政策的扶持下，创意已经成为一种蓬勃发展的经济形态，成都创意设计产业已经初步形成了工业设计、动漫游戏、建筑设计、广告设计、工艺美术设计、家居设计等诸多行业快速发展的良好格局。

此次的“成都创意设计周”及“双百创意总动员”活动，旨在打造规范性和实践性兼具的高水平创意设计盛会，力求以此为契机，推进文化创意和设计服务等新型、高端服务业发展，促进与实体经济深度融合，从而推动“成都制造”向“成都智造”“成都创造”转变，助推经济转型升级，让全国和世界范围的企业找到投资成都的“洼地”，让年轻人找到更丰富更有前景的就业、创业途径。

缅怀革命先烈　传承爱国精神

新闻播报：

民政部首次公布《烈士公祭办法》，详细规定了烈士公祭活动的仪式流程，并明确规定公祭烈士应当在清明节、国庆节或者重要纪念日期间，由县级以上人民政府组织。《办法》为各地组织烈士公祭活动提供了统一标准。

消息来源：2014 年 4 月 1 日　中央政府门户网站《民政部：〈烈士公祭办法〉出台规范烈士公祭活动》

新闻评述：

世界上曾经出现了巨大牺牲的大国，尤其所做出的牺牲富于道义价值的，一般都建有国家烈士公墓，用来作为国家举行缅怀纪念活动的重要场所，作为向国民特别是青少年进行爱国主义教育的重要场所。民政部出台《烈士公祭办法》，再次彰显出我国对革命历史和革命先烈缅怀纪念工作的重视，对于丰富中华民族精神内涵、凝聚民族力量很有必要，也十分有意义。

一个国家不应该只有烈士家属的悲伤，还应该有烈士精神的传承。这些为国牺牲的千千万万烈士给我们带来的精神遗产，必须挖掘和继承。先烈们诠释的“天下兴亡，匹夫有责”的爱国精神和抗争意志，曾在风雨交加、艰难屈辱的黑暗岁月里，彰显了无比绚烂的光彩。而今，又将激励一代又一代中华儿女奋发前行，建设祖国，振兴中华，不断增强抗衡外盗侵略的能力，为实现中华民族伟大复兴而砥砺奋进。

沉睡数百载　一醒惊天下

新闻播报：

近日，成都到贵阳的高铁项目在宜宾屏山县的前期考古中，发现一座大型家族墓地。考古工作人员在抢救性发掘时，出土了形制巨大的宋代石室墓，并发现大量精美陶俑。墓室规模之大，设施之豪华，让考古人员也为之震惊。而这些把墓主生前生活镌刻的墓室，生动再现了宋代川南的繁华。

消息来源：2014 年 10 月 9 日《华西都市报》《四川屏山发现大型宋代家族石墓》

新闻评述：

沉睡数百载，一醒惊天下。通过抢救性发掘，众多精湛绝伦的石刻和陶俑出土，向世人展现了川南地区的生活特色与南宋的时代特色，成为后世准确解读南宋时期川南社会生活及民俗风情的历史长卷，可称之为当时社会发展的一部内容丰富、情节鲜活的“百科全书”。

川南墓葬、石刻及陶俑艺术精湛卓越，既蕴藏了博大精深的巴蜀文化大背景，进一步丰富了巴蜀文化的厚重内涵，又验证了四川在两宋时期的政治、经济和文化等诸方面的繁荣景象。与此同时，它为研究中国墓葬形制结构和墓葬制度、墓葬习俗提供了全新的材料，对研究中国古文化以及考古学、历史学、民族学、宗教学、建筑学等多学科研究具有极其重要的学术价值。

海域生态良好　鱼类自在生存

新闻播报：

13 号清晨，我国一艘双体帆船在途经深圳海域时，遇到上千只海豚与帆船同行，海豚距离帆船最近只有一米五到五米的距离，它们迎风破浪，跳跃、翻腾，整个海面犹如万马奔腾一般，整个过程持续了 12 分钟。

消息来源：2014 年 4 月 16 日　《青岛晚报》《乘风破浪追逐嬉戏　上千海豚随帆起舞》

新闻评述：

21 世纪初，人类活动对深圳海域造成的环境影响凸显。部分海岸生态系统由于没有及时保护而大面积缩减甚至消失；不少珍稀野生物种在深圳海域已濒临灭绝；生态功能完整的海湾、河口、海岸带不足 20%，环境恶化，赤潮增加，局部海域“荒漠化”。针对这一情况，广东省加强蓝色生态体系建设，抢救性地新建一批海洋与渔业自然保护区，到目前为止，已规划并建设了 150 个左右类型齐全、具有特殊保护价值的海洋自然生态、珍稀濒危物种等保护区，以保护深圳海域动植物的生存环境。

人与动物的关系问题，不仅关系到动物生存和延续问题，而且关系到人类社会的生存和延续问题。善待动物就是善待人类自己。上千只海豚与帆船同行，充分证明了当前深圳海域治理的明显成效和生态环境的良好优越，也向世人展示了人与动物和谐共生的美妙画面。

峨眉天下秀　喜迎天下客

新闻播报：

今天，记者在四川峨眉山金顶拍摄到完整的日出过程。清晨 5 点 30 左右天际出现一道金色的线，这是第一次日出，只见金线不见太阳；

早晨6点左右，太阳渐渐升起，在天边呈现出一个金色的光斑，这是第二次日出，但太阳尚未完全冲破云雾的笼罩。早上7点左右，太阳从光斑逐渐变成小弧、半圆，最后完全跳出云端，跃然于峨眉之巅。“日出”“云海”“圣灯”“佛光”被称为峨眉金顶的四大奇景。在清明期间拍摄到完整的“三出”景象，最近十年来还是首次。

消息来源：2021年1月1日　央视新闻客户端

新闻评述：

峨眉山位于中国四川省乐山市峨眉山市境内，是世界文化与自然双重遗产，属于国家5A级旅游景区，不仅有秀丽的自然风光，也有悠久的佛教文化，素有“峨眉天下秀”之称。峨眉不仅有“三出”这难得一见的奇景，更以其巍峨秀丽、人杰地灵深受中外游客喜爱。游弋在绿意盎然的山间，沐浴浓郁悠久的佛教文化，观赏令人震撼的云海佛光，无不让人身心放松、流连忘返。

近年来，峨眉山旅游景区加速发展以旅游业为龙头的现代服务业，以全域旅游掀开转型的新篇章，打造与国际旅游目的地相适应的产业结构，促使峨眉山在国际旅游市场上的影响力进一步加大，对国际游客的吸引力也大为增强。

北大保安成功逆袭　内因与外因双重作用的结果

新闻播报：

北大保安队在过去20多年上演了群体逆袭，400余名保安考入大学深造。有的考取大专或本科学历，有的甚至考上研究生，有的毕业后当上了大学老师……这些人打破了偏见和门槛限制，实现了自己的人生价值，也让底层人看到了“人生出彩的机会”。其中，被媒体称为“北大保安高考第一人”的张俊成，更是上演了“扫地僧”式的传奇。

张俊成生于1976年，初中毕业没能继续读书，1995年5月来到北大成为一名保安。1995年秋季，通过成人高考，张俊成考上了北京大学法律系。毕业后，张俊成先后在山西太行科技职业学校、长治市潞州法律学校、中国计算机函授学院、长治市超越中等职业学校从事职业教育工作。2015 年，张俊成创办了长治市科技中等职业学校。6 月 8 日，张俊成在接受记者采访时谈到自己的未来规划：十年内，把学校办成长治第一所民办大学，先立足长治，一步一个脚印，再推广到全国。

消息来源：2013 年 5 月 13 日 《燕赵都市报》《20 年间 500 余名北大保安成为大学生研究生》

新闻评述：

从保安到大学生的这种跳跃式身份转换，折射了当代青年通过不懈努力实现自身价值的上进精神，也让人们感受到了奋斗的力量。对多数青年而言，上大学是成才和进步的优选路径，但高等教育的门槛，一定程度上让一些人丧失努力和奋斗的勇气。北大保安上大学的事例却展示了另一种成才的可能性。深刻思考过后，我们从其中感受到的，不仅是刻苦努力成就梦想、坚持奋斗改变人生的励志精神，更看到了在一个人人向学、平等包容的知识氛围中，通过自学考试等受教育渠道，更多的人能够获得更好的机会，更多的人可以改变命运、成就梦想。

北大保安多人考上大学，与北大校园文化的感染力有着深刻联系。从很早开始，允许“外人”旁听大学课程，就是北大的一个优良传统。在保证良好教学秩序的情况下，课堂对社会开放，能最有效地发挥北大知识资源的社会作用。这种开明、包容的做法，是视大学为社会公器，是对教育机会公平的认同，也是对公众渴望知识心理的极大尊重。与此同时，北大保安大队对渴望学习的保安员，都会尽可能地提供方便，在排班和定岗方面为他们留出学习的时间；北大教师给保安员赠送书籍、旧电脑，北大工会开办的平民学校给保安留名额。这些基于朴素人性的平凡行为，也给保安员投射了“知识面前人人平等”的光亮。它对人们内心深处的自信与平等价值的唤醒，甚至比大学学历更为宝贵。

如果整个社会都能像北大那样鼓励人们深造，如果每个小环境都允许人们通过奋斗改变处境，如果不同群体之间的平等交流更为通畅，就能唤醒更多人的进取渴望，那么涤荡温情、充满希望的力量就会在时代回荡。这一点，应该是北大保安上大学带来的最大启示。

女乘客擅开飞机滑梯　缺乏规则意识为任性买单

新闻播报：

6月12日中午，首都机场一架待飞的航班上，一个女乘客竟因好奇擅自开启飞机舱门处的应急滑梯，就此导致航班取消，机上113名旅客分两批转签到当天下午的其他航班。航空相关负责人透露，被误放的是B757机翼上滑梯，最低维护和重装成本需10万元，如气囊损坏报废，直接损失估计要45万。据悉，飞机起飞前，乘务员按规定向应急出口的48排旅客介绍安全须知，该名旅客是听到乘务员提醒“只能在紧急情况下才能触碰”后，因很好奇想尝试一下，就直接伸手去拉了手柄，乘务员虽立即阻止但是已放出。随后，这名旅客被移交公安机关处理。根据相关规定，除了拘留，该乘客将被航空公司追索相应的经济赔偿。

消息来源：2017年6月14日　央广网《违规必罚才能树立规则意识》

新闻评述：

飞机上应急出口的应急滑梯，在紧急情况下相当于“生命之门”，务必保障其完好性，因为如果应急滑梯及其相关设施有任何瑕疵，在航班运行过程中真的遇到紧急情况时，应急滑梯将无从发挥救命的功能。所以，不到万不得已应急滑梯绝对不能打开。其实不仅仅是飞机上，在公共汽车、地铁、高铁上等，一些急停按钮的安全设施都设有警示标志，大都是不能随意触摸和随便开启的，只能在紧急情况下才能启用，否则可能带来安全风险。

好奇之心人皆有之，但是任何的好奇都必须以法律和规则为底线。公共设施安全事关人民群众的生命财产安全，搭乘公共交通工具，就应该遵守其乘坐规则，这不仅是对自己、对其他乘客的人身安全负责，更体现了每个公民应具备的规则意识。这位乘客擅自打开飞机应急滑梯，无疑是罔顾公共安全和规矩规则的举动。事实上，社会上缺乏规则意识的远不止这名飞机乘客，有因“好奇”按下地铁紧急制动按钮导致地铁紧急停车的，还有因“好奇”按下正常运转的手扶电梯紧急按钮的，这些无视警示标志的任性行为背后，实际上都是规则意识的严重缺失。

规则意识是社会人的行为准则，规则是公共的，规则意识是个人的。社会文明程度不仅体现在公共部门制定了怎样的规则体系，而且体现在社会成员具有怎样的规则意识。有了规则意识我们才不会乱说乱做，才能对生命有所敬畏，全社会才能和谐共生。

从乘客擅开飞机滑梯一事，我们不禁又联想到了八达岭野生动物园老虎吃人事件。八达岭野生动物园游客无视规则擅自在猛兽散养区下车，导致毁容丧母；而这位擅开飞机滑梯的乘客，也将为她“想试试”的好奇心支付 10 万元以上的高额账单。这些事件都警示着我们，任何时候规则意识都不可或缺，没有规则意识，破坏了规矩，最终将为此付出沉重的代价。

人生实苦，但请你足够相信，也要足够坚持！

新闻播报：

6 月 27 号晚上，刷爆朋友圈的高分残疾考生致清华的一封信，感动了无数人。在信中，19 岁的甘肃定西考生魏祥，阐述他十几年的“不一般”的人生。因先天性脊柱裂、椎管内囊肿，他出生后双下肢运动功能丧失，大小便失禁。后来父亲身患重症病逝，由妈妈一人撑起家庭，并且从小学到高中，12 年始终风雨不改背他上学。最终他考出高分佳绩，圆了大学梦，被清华大学录取。信的最后，他唯愿清华能给他和母亲一间陋室，有容身之处。清华大学招生办迅速回应，已经为母子俩准备好了宿舍，并且在就读期间住宿费全免。

消息来源：2017 年 6 月 29 日　《北京青年报》

残疾考生带母上清华获宿舍　与清华信件感动万千网友

新闻评述：

“你在经历疾病和丧亲之痛后，依然选择了坚强和努力，活成了让我们都尊敬和崇拜的样子。”“人生实苦，但请你足够相信！”清华大学在回应信中的这几句话击中人心。除了感动于清华大学的担当和关怀，也觉得魏祥这朵在苦难中开出的梦想之花值得我们所有人向他致敬。

“黑夜给了我黑色的眼睛，我却用它寻找光明”，古往今来，无数的仁人志士，都是在坚持中走过来的。相信“天生我材必有用”的李白，“读人生这一本大书”的沈从文，躺在轮椅上的霍金……无一不是因坚持而实现梦想、成就人生。而在我们的语文课本里，还有这样一位我们熟悉的人物。被执行宫刑的司马迁，也曾在苦难中坚持，否则我们便失去了一部伟大的作品《史记》。“西伯（文王）拘而演《周易》；仲尼厄而作《春秋》；屈原放逐，乃赋《离骚》；左丘失明，厥有《国语》；孙子膑脚，《兵法》修列；不韦迁蜀，世传《吕览》；韩非囚秦，《说难》《孤愤》；《诗》三百篇……”这些榜样，也是太史公激励自己不断前行的力量。放弃很容易，坚持才可贵，我们要不断修炼。魏祥的故事让我们重拾了仁人志士的励志精神，也让我们相信，秉承乐观坚持的信条，是没有错的。

所以，朋友们，人生实苦，但请你足够相信，也要足够坚持！

二、新闻播报与新闻评述部分试题

（一）

中央广电总台中秋晚会播出

《人民日报》（2022 年 09 月 12 日　第 04 版）

本报北京 9 月 11 日电　（记者刘阳）10 日晚，中央广播电视总台 2022 年中秋晚会在海内外同步播出。截至 11 日 13 时，总台全媒体多平台直播晚会，受众触达总量达 4.48 亿次，相关视频全网播放总量近 12.7 亿，网络相关话题阅读总量超过 86 亿，通过各平台收看晚会的海内外受众纷纷点赞。

今年的中秋晚会着力突出“思想＋艺术＋技术”融合传播，以山水实景为舞台依托和创作素材，深度挖掘录制地江苏张家港的历史文化、传统民俗、人文风貌，将声、光、电等多重元素整合为舞台视听语言，并借助技术特效的细腻渲染，营造出穿梭时空、驰骋宇宙的大气意境。

（二）

争分夺秒　全力以赴

——四川泸定地震抗震救灾记

人民日报记者　林治波　宋豪新

《人民日报》（2022 年 09 月 12 日　第 04 版）

这是一场既有“速度”“力度”，又有“难度”“温度”的生命营救。

9 月 5 日 12 时 52 分，四川省甘孜藏族自治州泸定县发生 6.8 级地震，造成重大人员伤亡。截至 11 日 12 时，地震已造成 93 人遇难、25 人失联，目前有 260 余人在医院治疗。

地震发生后，中共中央总书记、国家主席、中央军委主席习近平高度重视并作出重要指示，强调“要把抢救生命作为首要任务，全力救援受灾群众，最大限度减少人员伤亡”，要求“妥善做好受灾群众避险安置等工作”。

（三）

品味传统文化　乐享小康生活

《人民日报》（2022 年 09 月 12 日　第 04 版）

品味中秋意蕴，共度美好时光。中秋假期，各地节日活动精彩纷呈，欢声笑语中展现新时代新征程上的精气神，寄托着对国泰民安的美好期盼。

月满中秋，家国情浓。中秋假期，在做好疫情防控前提下，各地群众游园看展、观灯猜谜、制作月饼……在多彩民俗中感受优秀传统文化魅力，乐享幸福小康生活。

（四）

在逐梦太空的征程上

曹怡晴

《人民日报》（2022 年 09 月 10 日　第 06 版）

“中国空间站永远值得期待!”9 月 2 日凌晨，神舟十四号乘组圆满完成出舱活动全部既定任务后，航天员刘洋面对直播镜头兴奋“比心”，并送上“宇宙级祝福”，提前祝大家中秋节快乐。

“一年月色最明夜，千里人心共赏时。”今年中秋，团圆的画面又有了新场景——神舟十四号载人飞行任务期间，中国人将第一次天上人间共度中秋佳节。这份“天涯共此时”的独特浪漫，寄寓着奔赴星辰、遨游太空的情怀，激励着一代又一代人直抵苍穹、逐梦九天的探索。正如贵州平塘县大塘镇第一小学学生张远在给刘洋信中所写的那样：“（刘洋阿姨，）我的梦想就是成为一名航天员，像您一样飞到太空，看看月亮的样子。”

（五）

大型文化节目《诗画中国》创作座谈会举行

《人民日报》（2022 年 09 月 10 日　第 04 版）

本报北京 9 月 9 日电　（记者刘阳）中央广播电视总台大型文化节目《诗画中国》创作座谈会 9 日在京举行。中宣部副部长、中央广播电视总台台长兼总编辑慎海雄出席，并与专家学者、主创代表座谈。

《诗画中国》从近千个作品中筛选出 40 余幅画作、50 多首诗文，以“诗画合璧”的全新样态和新颖视角，用科技手段让经典诗画“活起来”。

节目于 8 月 28 日在央视综合频道、综艺频道及央视频、央视网等平台播出。截至目前，网络话题阅读量超 10.8 亿，视频播放量达 1.2 亿次，185 个话题登上各平台热搜热榜。

（六）

顺北油气田再添超深“千吨井”

目前已落实 4 个亿吨级油气区

《人民日报》（2022 年 08 月 11 日　第 01 版）

本报北京 8 月 10 日电　（记者冉永平、丁怡婷）10 日，中国石化宣布在油气勘探开发领域实施的“深地工程”获得重大突破。顺北 803 斜井测试获高产工业油气流，折算日产油气当量达到 1017 吨，成为顺北油气田超深层第十五口“千吨井”。目前，“深地一号”顺北油气田项目，钻探垂直深度超过 8000 米的油气井达 41 口，已落实 4 个亿吨级油气区。

顺北油气田位于塔里木盆地中西部，油藏具有超深、高温、高压等特点，储层平均埋藏深度超过 7300 米，定向井井深最深达到 9300 米，刷新亚洲最深纪录，这些井堪称“地下珠峰”。

（七）

暑托班里学知识

《人民日报》（2022 年 08 月 23 日　第 15 版）

8 月 22 日，江苏大学志愿者来到江苏省镇江市润州区和平路街道三茅宫第一社区“小花伞”暑假托管班，带着小朋友通过三球仪模型演示、航天空间站和月球车拼装体验等，学习太空和航天科普知识，充实暑假生活。

（八）

“敦煌遗书数据库”正式上线

《人民日报》（2022 年 08 月 23 日　第 14 版）

本报兰州 8 月 22 日电　（记者付文）敦煌研究院近日宣布，“敦煌遗书数据库”正式上线。作为全球敦煌文献资源共享平台，该数据库内容涵盖敦煌文献的基本信息、数字图像、全文录文和相关研究文献目录等 4 个部分。数据库同时提供各类文献的全文检索和图文对照浏览。

敦煌遗书指 1900 年敦煌莫高窟藏经洞出土的公元 4 至 11 世纪的古写本及印本等，是研究历史学、考古学、宗教学、人类学、语言学、文学史、艺术史等的重要研究资料。

（九）

云南文山培训农村劳动力促就业

老乡本领强　工作收入增

人民日报记者　沈靖然

《人民日报》（2022 年 08 月 23 日　第 15 版）

焊花四射，火光交错，在一片机械碰撞声中，一堂电焊技能培训课在云南省文山壮族苗族自治州广南县者妈村开课。

者妈村是远近闻名的电焊之乡，上世纪 90 年代就有村民扛着焊枪到昆明市打工。20 多年来，电焊手艺主要通过村民们传帮带，缺乏系统化的专业培训。这场为期 15 天的培训课程吸引了百名村民报名参加，其中不乏专程从外地赶回来参加培训的老焊工。

“还是想系统性地学一学专业课程。干了这么多年，虽然很多操作都会，但不明白其中的原理，技术上就有了瓶颈。”做了 20 年电焊工的陆永康特地从昆明赶回来参加培训。

（十）

小小菜摊　彰显诚信

王崟欣

《人民日报》（2022 年 08 月 23 日　第 15 版）

营造诚信氛围，建设诚信社会，让诚信成为人们心中的道德自觉和文明自律

近日，福建龙岩永定区金砂镇的菜摊火了。菜摊不大，却很特别。摊位前，20 多个菜篮子码成一排，不称重、不讨价还价，也无人照看，拿菜放钱全凭自觉。每天早上，摊主邱美英从菜地里把菜摘出、洗净、捆好，放进菜摊、标上价格，就去忙别的事了。等到傍晚来点收菜钱，不仅该给的钱不会少给，还经常多出一点来。

这样一种无人值守的自助买菜方式，在当地已延续 25 年，人们亲切地称之为“诚信菜摊”。“诚信菜摊”背后，是长久以来形成的约定与默契。小小菜摊，彰显出诚信美德。

（十一）

中央气象台继续发布高温橙色预警

南方高温仍将持续

《人民日报》（2022 年 07 月 14 日　第 15 版）

本报北京 7 月 13 日电　（记者李红梅）13 日白天，南方高温天气持续发展。其中，云南昭通，四川达州、泸州，上海，浙江绍兴、宁波、丽水等局地最高气温达到 40—41 摄氏度，四川、云南、上海、浙江等地共 11 个国家站最高气温达到或突破 7 月极值。13 日 18 时，中央气象台继续发布高温橙色预警。

6 月 13 日以来，我国出现了今年首次区域性高温天气过程。截至 7

月 12 日，高温事件已持续 30 天。全国共有 71 个国家气象站的最高气温突破历史极值。

（十二）

“奥林匹克文化与全球文明传播”专题研讨会在京举行

《人民日报》（2022 年 07 月 14 日　第 16 版）

新华社北京 7 月 13 日电　13 日，“奥林匹克文化与全球文明传播”专题研讨会在中国传媒大学举行，十余位专家学者围绕人类命运共同体理念与奥林匹克精神的国际传播展开交流。

《文明》杂志社社长兼总编辑娄晓琪围绕“奥林匹克文化的中国方案”发言。他宣读了国际奥委会主席巴赫写给《文明》杂志社的感谢信，并介绍了该杂志为致敬奥林匹克精神、传播奥林匹克文化所开展的系列活动。

（十三）

我们为什么要“种”珊瑚？（把自然讲给你听）

黄　晖

《人民日报》（2022 年 06 月 22 日　第 17 版）

“大海退潮了。海面上露出了美丽的珊瑚……它们一丛一丛，有的像鹿角，有的像扇面，有的像菊花……”一篇短文，生动描绘出珊瑚的千姿百态。

其实，除了好看以外，珊瑚礁对地球和海洋生态具有无可替代的重要作用。比如通过自身形成的三维结构减轻海浪对海岸线的侵蚀作用；维系海洋生物多样性等。此外，珊瑚还具有科学研究价值。不过，受人类活动、气候变化以及敌害生物等影响，全球多数珊瑚礁发生了严重退化。

（十四）

帮老年人更好融入智慧生活

刘以晴

《人民日报》（2022 年 06 月 22 日　第 16 版）

解决老年人在运用智能技术方面遇到的困难，需要多方协同，做

好服务

一次采访，来到吉林省通化市中心医院。一进大楼，“便民服务中心”几个大字格外显眼。来咨询的患者里，老年人不少，问题大都是如何用手机挂号、缴费。工作人员热情周到，耐心讲解操作流程。据了解，便民服务中心24小时开放，平均每天接待70岁以上的患者约300人。医院专门抽调部分行政人员担任志愿者，让老年患者找得到人、办得了事。

（十五）

未就业高校毕业生求职登记小程序开通

《人民日报》（2022年06月22日　第16版）

本报北京6月21日电　（记者李心萍）为拓宽未就业高校毕业生求职登记渠道，提供不断线就业服务，近日，人力资源和社会保障部开通2022届未就业高校毕业生求职登记小程序入口，搭建方便快捷的就业服务对接平台。

据介绍，求职登记小程序在高校毕业生就业服务平台、中国公共招聘网、就业在线、电子社保卡设有登记入口，同时支持通过微信、支付宝等App扫描二维码进行登记。2022届未就业高校毕业生、往届未就业毕业生可通过上述渠道，在线登记个人情况、求职意向和就业服务需求。公共就业人才服务机构将与登记毕业生进行联系，根据需求提供有针对性的就业服务。

（十六）

农民手机技能培训促增收

《人民日报》（2022年06月22日　第16版）

本报北京6月21日电　（记者郁静娴）21日，农业农村部在京举办2022年度全国农民手机应用技能培训周启动活动。作为今年中国农民丰收节重点活动之一，农民手机应用技能培训将以“提升农民数字技能　助力农村电商发展”为主题，聚焦乡村信息服务、农产品网络营销、农技推广、防范电信网络诈骗等内容，开展贯穿全年的培训推广活动，大力推进手机应用与农业生产、经营和农村生活深度融合，旨在让广大农民用好手机这个“新农具”，促进产业发展，带动农民增收。

（十七）

多国借助新技术拓展文创产品——给博物馆注入创新力

人民日报记者　刘玲玲　陈晓航　谢亚宏　刘　刚

《人民日报》（2022 年 05 月 18 日　第 16 版）

随着文创理念的深入，一些国家的博物馆正逐步从提供文物典藏、保护、研究、展示、教育的文化场所，转型为向参观者提供娱乐、学习和实践的多元空间。文创应用场景更加生活化，参观者也逐渐从单一的“观众”转变为“文化消费者”。

5 月 18 日是第四十六个国际博物馆日，今年国际博物馆日的主题为“博物馆的力量”。世界各地的一些博物馆在与公众进行互动的同时，还通过最新技术展示各具特色的文创产品，让博物馆的厚重底蕴能时时伴随在公众身边。

国际博物馆协会认为，博物馆正成为创新的基地，新技术在这里得到发展并应用于日常生活，激发出巨大潜力和影响力。

（十八）

前 4 月铁路完成固定资产投资约 1575 亿元

开通新线 581 公里，其中高铁 358 公里

《人民日报》（2022 年 05 月 18 日　第 04 版）

本报北京 5 月 17 日电　（记者陆娅楠）北京丰台站即将开门迎客，川藏铁路建设高质量推进，沈白高铁最长隧道白山隧道 1 号横洞至进口段贯通……一项项铁路重点工程按下“快进键”，为国家重大战略实施、稳定宏观经济大盘担当“火车头”。

今年 1 至 4 月，全国铁路累计完成固定资产投资 1574.6 亿元，同比增长 0.6%，已开通新线 581 公里，其中高铁 358 公里。

（十九）

综合应用4K、高帧率等高新技术，CINITY放映系统

——观影体验，更有沉浸感

人民日报记者　刘阳

《人民日报》（2022年04月27日　第11版）

“在影院看到色彩如此饱满、画质如此细腻、声音如此逼真的影片，深感震撼。”在北京中影国际影城（党史馆影院）CINITY影厅，许多观众看完电影《长津湖之水门桥》后都有同样的感受。

CINITY高新技术格式放映系统是我国自主研发的一套电影放映系统，综合应用了4K、3D、高亮度、高帧率、高动态范围、广色域、沉浸式声音等七大高新技术，目前处于世界最先进水平。

（二十）

如何科学救助野生动物？

谢　屹

《人民日报》（2022年04月27日　第15版）

日前，一头在浙江象山海域搁浅的抹香鲸牵动人心。经过相关部门和爱心群众20多个小时的施救，这头抹香鲸成功获救、重返深海。

此次救助抹香鲸，只是我国野生动物救助工作中的一个缩影。经过努力，我国在东北虎、朱鹮、金雕、丹顶鹤等珍稀濒危野生动物救护救助方面取得积极成效。比如，东北虎“完达山一号”成功救助及放归，有效管控可能存在的人虎冲突；人工繁育大熊猫数量呈快速优质增长，大熊猫受威胁程度等级从“濒危”降为“易危”。

（二十一）

央视网消息（新闻联播，2021年9月5日）：第16届残奥会闭幕式目前正在日本东京举行。在本届残奥会上，中国体育代表团奋力拼搏、突破自我，以96枚金牌、60枚银牌、51枚铜牌，奖牌总数207枚，创造29项世界纪录的优异成绩，连续五届残奥会高居金牌和奖牌“双榜”榜首，用自强不息的精神奏响了生命的赞歌。

从昨晚（9月4日）到今天，中国体育代表团又在羽毛球、田径等

项目上斩获多枚金牌，也将中国军团本届残奥会取得的金牌总数定格在96枚。

在残奥会的赛场上，没能拿到金牌或者奖牌的选手依然是大多数。虽然没有拿到奖牌，但体育改变了他们的人生。残奥会的舞台上没有失败者，他们顽强拼搏的精神早已超越胜负。如今，我国8500万残疾人中越来越多的人参与到体育活动中来，标志着中国残疾人体育事业的蓬勃发展。

（二十二）

央视网消息（新闻联播，2021年9月4日）：今天的《走进乡村看小康》，我们一起去看看各地因地制宜打造特色产业，加速推进乡村振兴，拓宽农民增收致富路。

这两天，在江苏连云港赣榆区的海头港码头，满载海货的渔船陆续返港。海脐村的匡才远父子俩正将梭子蟹卸载上岸，进行分拣。经过简单的加工之后，这些海货就能通过物流卖到全国。

捕鱼网连上了互联网，创新经营模式让好产品卖上好价格。通过电商，匡才远家现在平均每月收入超过3万元。目前，海脐村有400多人通过电商卖海货，直接带动就业2000多人。如今，当地的村民不仅住上了楼房，村里便民中心、卫生服务中心、养老幸福驿站等一应俱全。打造特色产业，增加农民收入。

（二十三）

央视网消息（新闻联播，2021年9月1日）：东京残奥会从昨晚（8月31日）到今天，中国体育代表团继续亮眼表现，在田径、射箭、轮椅篮球、坐式排球等项目上发挥出色，继续稳居金牌榜、奖牌榜第一位。

田径赛场，昨晚进行的女子轮椅竞速1500米T54级决赛，周召倩在最后时刻奋力超越，以3分27秒63的个人最好成绩摘得金牌。男子铅球F32级决赛，刘利以12米97的成绩打破由他自己保持的世界纪录，夺得金牌。朱德宁以7米31打破世界纪录的成绩夺得男子跳远T38级比赛冠军，衷黄浩获得亚军。蒋芬芬以1分01秒36的成绩获得女子 400 米 T37 级冠军。

集体项目，在女子轮椅篮球四分之一比赛中，中国队以 47 比 33 战胜英国队，历史性闯入四强。女子坐式排球小组赛，中国队 3 比 0 完胜卢旺达队，取得三连胜。

（二十四）

央视网消息（新闻联播，2021 年 9 月 1 日）：全国绝大部分地区中小学、幼儿园正式开学，迎来秋季新学期。

新学期，各地按照疫情防控要求，从入校、上课、就餐等多方面进行周密部署，确保师生安全返校。受疫情影响暂缓开学的个别地区也启动线上教学模式，确保停课不停学。

开学第一天，五星红旗在广大中小学校园冉冉升起，北京、贵州、四川、江苏、浙江等地纷纷以“请党放心、强国有我”“理想照亮未来”等为主题，上好开学第一课，引导学生筑牢信仰之基。

今年秋季学期是中小学全面落实“双减”有关部署要求的第一个学期。校内减负方面，教育部提出小学一二年级不进行纸笔考试，不得以任何名义设置重点班等多项要求；校外减负，要求培训机构严格落实不得占用国家法定节假日、休息日及寒暑假期组织学科类培训等规定。

（二十五）

央视网消息（新闻联播，2021 年 8 月 12 日）：今天是第 10 个世界大象日。近几个月来，云南野生亚洲象北移引发各界关注。它们去年从西双版纳出发，在沿途群众的保护下游历 1300 多公里，目前正在接近传统的栖息地。

2020 年 3 月，北移亚洲象群从西双版纳出发，一路北上。在迁移的 500 多天里，这群亚洲象翻山越岭，穿越村庄乡镇，不仅拧开农户的自来水喝，还“偷吃”地里的玉米。

为保障人象安全，云南省调动各方资源，为亚洲象迁移创造安全通道。截至 8 月 8 日，全省共出动警力和工作人员 2.5 万多人次，布控应急车辆 1.5 万多台次，投放象食近 180 吨，目前人象平安。专家认为，野生亚洲象北移的重要原因是种群数量的不断增长。

（二十六）

央视网消息（新闻联播，2021年8月2日）：今年以来，我国粮食基础持续夯实，乡村产业加快发展，生猪产能全面恢复，农业农村经济稳中加固、稳中向好，为社会大局保持稳定提供了有力支撑。

目前，我国早稻收获基本结束，增产趋势明显；双季晚稻栽插进入尾声，秋粮播种面积预计超过12.9亿亩，比上年稳中有增，特别是高产作物玉米增加较多。秋粮总体长势好于常年。

今年以来，乡村产业加快发展。上半年，全国创建了50个国家现代农业产业园、50个优势特色产业集群、298个农业产业强镇，推进一二三产业深入融合。

（二十七）

央视网消息（新闻联播，2021年6月5日）：各地开展世界环境日主题活动，宣传保护生物多样性、绿色低碳、节能环保等理念，倡导人与自然和谐共生。

今天，“六五世界环境日”国家主场活动在青海西宁举行，揭晓2021年“美丽中国　我是行动者”主题活动获奖名单，公布“百名最美生态环保志愿者”“十佳公众参与案例”“十佳环保设施开放单位”，向10名生态环境特邀观察员颁授聘书。

开放环保设施、增加公众环保意识。宁夏固原市的生态环境部门邀请市民们到环境监测站，了解大气、水体、土壤等监测工作；甘肃华池县组织学生们走进污水处理厂，“零距离”接触生活污水处理过程。

（二十八）

央视网消息（新闻联播，2021年5月30日）：5月29日20时55分，搭载天舟二号货运飞船的长征七号遥三运载火箭在我国文昌航天发射场成功发射。约8小时后，飞船与天和核心舱完成自主快速交会对接。

在飞向一个月前发射的天和核心舱过程中，天舟二号货运飞船需要经过六次远距离导引控制、四次寻的段脉冲控制以及5公里、400米、200米、19米停泊点，直至最后靠拢。

天舟二号与天和核心舱完成交会对接后转入组合体飞行阶段，将按计划开展推进剂补加和空间应用项目设备测试等工作。

（二十九）

新华社北京 1 月 1 日电（记者罗鑫）记者从北京大兴国际机场获悉，截至 2021 年 12 月 31 日，大兴机场年旅客吞吐量突破 2500 万人次，全年保障航班约 21 万架次，圆满完成全面转场、航班换季、疫情防控和复工复产等各项工作目标，生产运行平稳有序。

2021 年，大兴机场单日最高航班量达 907 架次，单日最高旅客量突破 14 万人次，全年累计运营国内航线 200 条、联通全国 157 个航点。

2021 年 12 月 30 日，大兴机场第三座城市航站楼涿州城市航站楼正式启用，除了目前运营的草桥城市航站楼、固安城市航站楼，未来还将在丽泽、通州、廊坊、雄安建设城市航站楼。

2022 年元旦 3 天假期，大兴机场预计日均旅客吞吐量超 7 万人次，3 天将突破 20 万人次。

（三十）

央视网消息（新闻联播，2022 年 1 月 15 日）：即将开幕的北京冬奥会在带火了群众性冰雪运动的同时，也为冰雪产业的蓬勃发展提供了更广阔的空间。东北地区抢抓机遇，放大冬奥效应，驱动冰雪经济火热发展。

立足冰雪资源优势，黑龙江推动冰雪与文化、冰雪与体育、冰雪和旅游深度融合，游客可以欣赏茫茫冰雪风光，体验滑雪、冰钓、雪地温泉，了解冰上演出和关东民俗。旅游铁路部门开通重点景区公铁联运一站式运输服务，哈尔滨、伊春、牡丹江等地还推出了多种冰雪惠民举措。

在内蒙古，曾经被寒冷制约的大兴安岭林区通过发展冰雪旅游，获得了超高的人气，宾馆、餐饮、土特产、汽车租赁等成为林区百姓致富谋生的新产业。内蒙古进一步挖掘整合冬季文化旅游资源，推出 130 余项大众冰雪运动，组织开展冰雪嘉年华、冰雪那达慕、冰雪趣味运动会等特色活动，把“冷资源”转化为经济的“热效应”。

参考文献

[1] 吴郁. 主持人语言表达技巧［M］. 北京：中国广播电视出版社，2002.

[2] 柴璠. 播音语言表达技巧［M］. 北京：中国广播电视出版社，2002.

[3] 应天常，王婷. 主持人即兴口语训练［M］. 北京：中国传媒大学出版社，2009.

[4] 国家语言文字工作委员会普通话培训测试中心. 普通话水平测试实施纲要［M］. 北京：商务印书馆，2010.

后　记

王岩平教授，西南石油大学艺术学院原院长，主任播音员，四川省播音与主持艺术教育创立和开拓者。1991 年，荣获国家颁发的中国广播电视节目主持人"开拓奖"。"读万卷书，行万里路"是王岩平老师令人赞叹的经历，他曾感受过孔孟之乡的厚重，江南水乡的袅娜，巴蜀文化的精彩，西北山河的壮美，华中大地的浩渺，茫茫大漠的坚强……几乎走遍了整个中国，他熟知各种方言表达形式及内涵，并对此有深刻的体验和研究，将理论和实践的界限打通，在一线播音主持和高校教学中取得了丰硕的成果；"上课比天大"是王岩平老师对于教学的严谨态度，年逾古稀的王岩平老师一直致力于播音与主持艺术的研究与教学工作，培养的学生活跃在各大电台、电视台。2012 年 9 月我作为西南石油大学艺术学院第三届学生入学，接受了王老的入学教育课程，从那时起，王老的研究与教学精神，便一直影响着我。

王老一直坚持站着上课，并且坚持每年出书。跟王老交流，会感受到老爷子的谆谆教诲，点滴关心，学术精神。仰之弥高，钻之弥坚。老爷子是学生们仰望的播音与主持艺术家，带领无数学子走上人生巅峰，让无数学子鹏程万里，振翮高飞。很荣幸成为王老的学生，我在西南石油大学毕业之后，顺利保送就读硕士研究生，而后攻读博士研究生，其间获得了王老很多指导，包括学习上和工作上的。老爷子的学生众多，大家都在他的教导下成长成才，众多师哥师姐成为各大电台、电视台的"一哥""一姐"，相信这也是大家回馈给王老最好的礼物。

《播音员主持人播说评案例教程》凝聚了王岩平老师及其团队的心血，特别感谢李杨老师、米斯茹老师和李特老师的大力支持。书稿在出版之前，就得到了众多同行专家的充分肯定。

在实现“中国梦”的时代最强音下，国家富强、民族振兴、人民幸福，都离不开精神文化层面的不断丰富。在新时代的大背景下，播音员和主持人所在的传媒产业发生了翻天覆地的变化，传统媒体面临巨大的挑战，但是同时，我们也迎来了传播的黄金时代，受众希望听到官方观点，并且结合社交化媒体实现强交互。在跨界融合的大背景下，播音员主持人的播、说、评能力，逐渐成为判断一个主持人传播力和思想性的重要方面。王老的这本书综合了已有的研究成果，又有王老在三十年教坛耕耘中的总结、研究与创新，细细品味这本书，你会发现有很多独树一帜的地方，期待以此引起更多从事一线教学的老师和专家对该门课程的研究与探讨，不断创新教学内容，改进教学方法。

编辑老师从审稿、校阅到成书各环节精益求精、不遗余力，在此，我们深表谢意。最后，再次感谢广大读者对本书的厚爱，如果在你学习播、说、评的道路上，本书能提供一点帮助，对于编写团队而言，怎么辛苦都是值得的。

王冰曦
2022 年 9 月 16 日于成都